Branca Alves de Lima

CAMINHO SUAVE

COMUNICAÇÃO E EXPRESSÃO
3.ª SÉRIE – 1.º GRAU
(De acordo com os Guias Curriculares)

———::———

Com "Manual do Professor" contendo orientação
específica lição por lição

23.ª Edição

LIVRO RENOVADO – NÃO CONSUMÍVEL

DIREITOS AUTORAIS RESERVADOS
DOS DESENHOS E DOS TEXTOS

PROIBIDA A REPRODUÇÃO

editora
"caminho suave" limitada
Cód. Postal - 01508 - Rua Fagundes. 157 (Liberdade)
Fone: 278-3377
SÃO PAULO
1990

Dados de Catalogação na Publicação (CIP) Internacional
(Câmara Brasileira do Livro, SP, Brasil)

L696c
3.ª
23.ª ed.
	Lima, Branca Alves de
	    Caminho Suave : Comunicação e Expressão : 3.ª série, 1.º grau /
	Branca Alves de Lima : 23.ª ed. — São Paulo : Caminho Suave : 1990.
	
	    "Livro renovado, não consumível".
	    Suplementado por manual do professor.
	
	    1. Comunicação e Expressão (1.º grau) 2. Linguagem (1.º grau) 3. Livros de leitura I - II. Título.

84-1508	CDD-372.412 -372.6

Índices para catálogo sistemático:

1. Comunicação e Expressão : Ensino de 1.º grau 372.6
2. Leitura : Livros-texto : Ensino de 1.º grau 372.412
3. Linguagem : Ensino de 1.º grau 372.6
4. Livros de leitura: Ensino de 1.º grau 372.412

        Capa: EDUARDO CARLOS PEREIRA (Edú)
Ilustrações: EDUARDO CARLOS PEREIRA (Edú) e
                HUGO ARRUDA CASTANHO JÚNIOR
Diagramação: BRANCA ALVES DE LIMA
   Fotolitos: MATTAVELLI LASER FOTOLITO LTDA.

SUMÁRIO

N.os	LIÇÕES	SEQUÊNCIA ORTOGRÁFICA	SISTEMATIZAÇÃO GRAMATICAL	REDAÇÃO (Expressão Escrita)
1	UMA HISTÓRIA DE VERDADE Página 7	Encontros **sc ns** Grupos de consoantes: **br cr gr pr** Divisão silábica	Oração Orações declarativas: afirmativa e negativa Alfabeto minúsculo Substantivos comuns	Composição criadora com roteiro dado
2	UM BURRINHO EM APUROS Página 13	**r** inicial **rr** **r** medial	Alfabeto maiúsculo Substantivos próprios	Composição criadora com roteiro
3	LÁ VEM MARIA FUMAÇA Página 18	**ce ci** Completar palavras com: **ce ci**	Fatos da oração Rimas Sinônimos e antônimos Acentos: agudo e circunflexo	Composição criadora com o final dado
4	CADA UM CONTA O QUE FAZ Página 23	**ch lh nh** Dividir em sílabas palavras com: **ch lh nh**	Vogais e consoantes Fatos da oração Revisão: sinônimos Códigos Revisão — Orações interrogativa e negativa	Composição orientada
5	A CIGARRA, A FORMIGA E O VAGA-LUME Página 28	**S** no final das sílabas	Revisão de antônimos Masculino e feminino Separar fatos da oração Parágrafo — Diálogo Exercícios estruturais com verbos — Travessão	Diálogo em balões e travessões
6	FIGURINHAS QUE PAGAM Página 33	Palavras com sílabas travadas com **r** Completar palavras com: **ar er ir or ur**	Singular e plural Diminutivos Exercícios estruturais com verbos Classificação de substantivos	Bilhete
7	DA TROMBETA AOS NOSSOS DIAS Página 38	**S** com som de **z**	Acento agudo Crase (a + a) Aumentativo — Diminutivo Graus: normal, aumentativo e diminutivo	Redação com motivo orientado
8	CHIMPANZÉS SABIDOS Página 43	**M** antes de **b** e **p** no fim das palavras	Encontro vocálico Ditongo Revisão: alfabeto Exercícios estruturais com os verbos: viver — comer — colher	Composição criadora com roteiro
9	PENA AZUL Página 47	**L** medial e no final das sílabas Plural de palavras terminadas em: **al el il ol**	Hiato — Revisão: ditongo Encontros consonantais Palavras primitivas e derivadas Substantivos simples e compostos	Elaboração de mensagem Descoberta de palavras

N.os	LIÇÕES	SEQÜÊNCIA ORTOGRÁFICA	SISTEMATIZAÇÃO GRAMATICAL	REDAÇÃO (Expressão Escrita)
10	APUROS DE UM ANALFABETO Página 52	Palavras iniciadas com **c** ou **s** Revisão: **ch lh nh**	Dígrafos: **rr** e **ss** Passar orações do plural para o singular Plural de palavras terminadas em **z** Exercícios estruturais com verbos Encontros **bl cl fl gl pl tr pr bj**	Colocar em balões o diálogo dos travessões Inventar um bilhete baseado no texto
11	O LOBO QUE VIROU CORDEIRINHO Página 57	**l** ou **u** no final da sílaba	Monossílabos — Dissílabos Trissílabos — Polissílabos Revisão: dígrafos Palavras com **l** ou **u** no final das sílabas Separar fatos da oração	Composição orientada
12	CANÇÃO DO EXÍLIO Página 62	Grupos de consoantes **tr pr fr fl** Divisão de palavras com **sc**	Rimas Palavras primitivas e derivadas Exercícios estruturais com verbos Diminutivos em **zinho** e **zinha** Revisão: **m** antes de **b** e **p**	Composição à vista de seqüência de gravuras
13	O ANÃOZINHO JARDINEIRO Página 67	Plural de palavras em **ãs ães**	Sílaba tônica oxítonas, paroxítonas, proparoxítonas Revisão de: monossílabos dissílabos trissílabos polissílabos	Monólogo e diálogo História à vista de gravura
14	O CURUMIM MEDROSO Página 72	Palavras com: **ge gi** **je ji**	Substantivos coletivos Revisão: palavras derivadas Orações afirmativa e negativa Separar fatos da oração Exercícios estruturais com o verbo **ser**	História baseada em seqüência de gravuras História orientada
15	AUTOBIOGRAFIA Página 77	**qua que qui** Elaborar orações com expressões dadas	Sinais de pontuação Revisão: coletivos Encontro de vogais Sílabas com três vogais Aumentativos	Inventar diálogos Autobiografia
16	CRESCI E VOU SER MAMÃE Página 82	**gua gue gui** Formar orações com expressões dadas	Artigos definidos e indefinidos	Elaboração de anúncio, através de modelo
17	HISTÓRIA DE UMA PAMONHA Página 86	Palavras com **ss** Palavras com **s** pós consoante	Adjetivo Concordância do adjetivo com o substantivo	Aviso Adivinhação Continuar história começada
18	DIÁLOGO Página 92	Grupos de consoantes **bl cl fl gl pl** Divisão silábica	Revisão: Concordância do adjetivo com o substantivo em gênero e número Exercícios estruturais com verbos	Diálogo à vista de gravura

N.os	LIÇÕES	SEQUÊNCIA ORTOGRÁFICA	SISTEMATIZAÇÃO GRAMATICAL	REDAÇÃO (Expressão Escrita)
19	O COELHINHO DO HIMALAIA Página 96	Palavras com consoantes sonantes s com som de z	Palavras oxítonas com final **ém** Aumentativos em **ona** Adjetivos pátrios Sufixo: **oso**	Formar orações com duas palavras Composição orientada
20	O PRÊMIO DA MÃE-D'ÁGUA Página 101	Palavras com **h** inicial	Revisão: pontuação Grau comparativo de: superioridade igualdade inferioridade Uso de **há** e **a** Adjetivos pátrios	Colocar diálogo de balões em travessões
21	O SAPO MISTERIOSO Página 106	**x** com som de **s**	Superlativos através de exercícios estruturais com verbos Numerais: cardinais ordinais, multiplicativos e fracionários Exercícios estruturais com verbos	Elaborar orações com grupos de palavras Terminar história, com o começo conhecido
22	QUE PALAVRA ESQUISITA! Página 111	**x** com som de **ch** Divisão silábica de palavras da lição	Pronomes pessoais do caso reto Verbos com o infinitivo em: **ar er ir** Revisão: superlativos Exercícios estruturais com verbos	Composição à vista de uma seqüência de gravuras
23	O PRESENTE DO VAGA-LUME Página 117	**x** com som de **cs** Divisão silábica	Tempos do verbo: presente, pretérito, futuro Prefixo **in** Expressões adjetivas Sujeito — Predicado	Redigir, respondendo perguntas
24	UM CASO CURIOSO Página 122	Revisão do **x** com som de **ce ci**	Pronomes pessoais Sujeito — Predicado — Revisão Flexões verbais e atividades estruturais Palavra que completa o sentido do verbo	Cartas Normas para elaborar uma carta Preenchimento de envelope: frente e verso
25	O MUNDO EM QUE VIVEMOS Página 128	**x** com som de **z** Palavras com grupos: **ins cons trans**	A palavra principal do sujeito Expressões adjetivas Pronomes possessivos	Responder questionário Composição interpretando uma cartinha recebida
26	UM ESCRAVO LUTA POR SUA RAÇA Página 133	Uso do **c** e **ç** Revisão: encontros consonantais: **cr gr pr tr vr pl** Revisão: acentuação	Sujeito simples Sujeito composto Verbo **pôr** no presente passado e futuro Prefixo **re** Pronomes possessivos Adjetivos pátrios	Entrevista
27	ESTE É O BRASIL Página 138	Grupos consonantais: **br gr pr pl** Divisão silábica Palavras com dois **ss** e de um **s** brando medial	Dígrafos — Revisão Palavra principal do predicado Verbos: **ser estar ficar** Pronomes do caso oblíquo Comparar qualidades usando: **maior — menor melhor — pior**	Carta convite para assistir festa cívica

Meu amiguinho

Minha amiguinha

Parabéns por ter chegado à terceira série.

Vamos continuar o estudo da língua que falamos, conhecendo histórias, fatos reais e ficções.

Este ano, está chegando em suas mãos o terceiro livro "Caminho Suave".

Nele descobrirá curiosidades sobre a vida dos homens, dos animais e das plantas.

Estude e queira muito bem ao seu livro de leitura.

Ele será seu companheiro este ano e irá ajudá-lo na descoberta do mundo.

Cuidando de seu livro, você estará colaborando para que seus colegas também possam conhecê-lo.

Sendo assim, não o rabisque, **não escreva** em suas páginas.

Um abraço e muito sucesso na 3.ª série.

A autora

UMA HISTÓRIA DE VERDADE

Foi há muito tempo, mas ainda me lembro. Naquela manhã de abril as mamães cunhãs, nas ocas, teciam redes, ralavam aipim e assavam peixe na brasa.

Os papais índios preparavam flechas e arcos para a caça e a pesca.

De repente, ouviram os gritos dos meninos índios — os curumins — e das meninas índias — as cunhantains.

Todos correram para a praia.

Bem longe, no mar, avistei pontos brancos, que iam crescendo... crescendo...

Eram enormes barcos com cruzes pintadas nas velas.

Deles desceram homens diferentes com roupas, botas, chapéus.

Admiraram as matas, os animais, as aves coloridas.

Fizeram uma grande cruz e a fincaram na areia da praia.

Depois, como eles, os índios se ajoelhavam, se levantavam e alguns se benziam. Mas nada compreendiam.

Puseram-me o nome de Ilha de Vera Cruz.

Os homens brancos partiram. Outros vieram e descobriram que eu era um gigante.

Meu nome foi mudado para Terra de Santa Cruz.

Mais tarde, passaram a me chamar BRASIL.

I - ESTUDO DO VOCABULÁRIO (Sinônimos)

1 - Aqui estão algumas palavras para você saber o seu significado:

admiraram	— olharam com espanto, com assombro
aipim	— mandioca, como dizem os índios tupis
cunhã	— mulher jovem, na língua dos índios tupis
cunhantaim	— menina, na língua tupi
curumim	— menino, na língua tupi
oca	— choupana ou cabana de índios
velas	— lonas no mastro das embarcações (caravelas) para receber o vento e movimentá-las

2 - Escreva orações em seu caderno, trocando as palavras grifadas.

O índio tupi **admirava** a **cunhã** ralando **aipim** na **oca**.

De repente ouviu os gritos dos **curumins** e das **cunhantains**.

Correu e avistou no mar três **velas** brancas.

II - ENTENDIMENTO DA LEITURA

1 - Responda em seu caderno, copiando a questão:

Naquela manhã que faziam as mamães cunhãs?

E os papais índios?

Por que os curumins e as cunhantains gritaram?

Quem desceu à praia, vindo dos barcos com cruzes pintadas nas velas?

Que esses homens estranhos fizeram na areia da praia?

Por que os índios não compreendiam tudo o que viam?

Quem está contando essa história?

Que nomes a Terra descoberta recebeu?

2 - **Aí estão:** um homem diferente e um curumim.

a) Escreva o que o curumim perguntou ao homem.

b) Escreva o que o homem respondeu.

c) Por que o curumim ficou tão admirado ao ver o homem?

d) Por que o homem também ficou admirado ao ver o pequeno curumim?

e) Esta história ocorreu em 1500. Quantos anos se passaram então?

III - TREINO ORTOGRÁFICO

1 - Escreva estas palavras no seu caderno.

Circule de vermelho os encontros $\boxed{sc}$ e de azul os encontros $\boxed{ns}$:

homens   desceram
compreendiam   cunhantains
admiraram   cresceram
curumins   alguns

2 - Copie substituindo a ☆ de acordo com o modelo:

um homem   — dois homens   uma cunhantaim — duas ☆
um curumim   — dois ☆   um aipim   — muitos ☆

3 - Procure na lição e copie em seu caderno palavras com:

$\boxed{br}$ $\boxed{cr}$ $\boxed{gr}$ $\boxed{pr}$

4 - Separe as sílabas e junte novamente, como no modelo:

crescendo   —   cres-cen-do   crescendo
crescer   —
nascimento —
descer   —
descida   —

IV · ATIVIDADES GRAMATICAIS

1 - **Leias as orações:**

As mamães cunhãs ralavam aipim.

Os papais índios preparavam flechas.

Você leu e entendeu:

A primeira oração conta que as mamães cunhãs ralavam aipim.

A segunda oração conta que os papais índios preparavam flechas.

> **Oração** é uma reunião de palavras que significam alguma coisa.
> Tem sentido completo.

Copie em seu caderno só as orações que têm sentido completo:

Os curumins gritaram
Na areia da praia
Os homens brancos partiram
Naquela manhã de abril

2 - **As orações que declaram alguma coisa chamam-se:**

orações **declarativas**

Elas podem ser:

Afirmativas	**Negativas**
Os índios viram os barcos.	Os índios **não** viram os barcos.
Os homens chegaram.	Os homens **nunca** chegaram.
Eles usavam chapéus.	**Ninguém** usava chapéu.
Os portugueses partiram.	Os portugueses **jamais** partiram.

As orações **afirmativas** e **negativas** terminam com ponto final •
O ponto final indica que a oração terminou.

Escreva orações com a palavra: peixe

Afirmativa

Negativa

10

3 - Leia:

O ALFABETO

I PARTE

Meninada, venha ver
a família do **A B C**
com todas as suas letras
desde o **a** até o **z**.

Se a letra for das menores
MINÚSCULA será chamada.
Em nomes **comuns** e de **coisas**
será a única usada.

Repita bem devagar,
aos poucos, não de uma vez,
o nome de todas elas
até contar vinte e três:

a	b	c	d	e	f	g
h	i	j	l	m	n	o	p
q	r	s	t	u	v	x	z

4 - Copie em ordem alfabética as palavras:

ovo	homem	gelo	bola
medo	amora	índio	fita
cedo	neve	rede	ema
jaca	luta	pena	dente
sete	xícara	telha	vento
	uva	zebra	queijo

5 - Escreva nomes de coisas comuns, iniciadas com as letras da palavra:

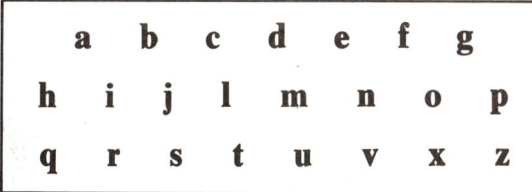

A L F A B E T O

6 - Copie as palavras e passe um traço debaixo das coisas que eram usadas pelos índios:

flecha	rede	tacape
tanga	chuveiro	tapete
sabonete	arco	cocar

7 - **Leia:**

Índio e **homem** são nomes de pessoas.
Arara e **macaco** são nomes de animais.
Barco e **cruz** são nomes de coisas.
Praia e **ilha** são nomes de lugares.

As palavras **índio**, **arara**, **barco** e **praia** se aplicam a qualquer **índio**, a **qualquer arara**, a **qualquer barco** e a **qualquer praia**.

> Os nomes de todos os seres que existem são:
> **nomes comuns** (substantivos comuns).
> Escrevem-se com letra minúscula.

8 - Escreva em seu caderno três nomes comuns (substantivos comuns) de:

pessoas   animais   coisas   lugares

9 - Copie e complete substituindo a ☆ por uma palavra fazendo rimar:

Os meninos eram curumins
E as meninas ☆ .

Os barcos eram caravelas
Com cruzes pintadas nas ☆ .

No dia 22 de abril
Foi descoberto o ☆ .

V - REDAÇÃO

Escreva em seu caderno uma história:

Faça de conta que você está na praia.
De repente, você avista pontos brancos, que vão crescendo... crescendo...
Era 1500 e o Brasil estava sendo descoberto pelos portugueses.

UM BURRINHO EM APUROS

Dois burrinhos seguiam para o mercado, carregando sacos de batatas.
O da frente ia tosando o capim ralo, à beira do caminho.
Quando o companheiro tentava fazer o mesmo, dizia:
— Seu molenga! Siga longe de mim. Vá comendo o resto que sobrar.
O outro, de orelhas murchas, reduzia a marcha.
Mais adiante, o nosso herói viu uma bela moita de capim verdinho. Correu para se regalar com o petisco.
De repente, dois enormes cães atacaram o guloso.
Foi um rebuliço!
O animal disparou pelo campo, dando coices e zurros. Em língua de burro dizia:
— Socorro, amigo! Venha ajudar-me.
O burrinho humilde zombou:
— Que é isso? Um molenga poderá ajudar alguém?
— Acuda-me! Deixarei para você o melhor capim.
— Pode ficar com o seu capim. Quando ajudo um amigo, não espero nada em troca.
Em seguida deu um par de coices nos cães e seguiu seu caminho.

I - ESTUDO DO VOCABULÁRIO

1 - Você deve saber o significado destas palavras:

apuro	— situação difícil
humilde	— modesto, de maneira simples
rebuliço	— confusão
reduzir	— diminuir
tosar	— cortar rente
zombar	— caçoar

2 - Troque as palavras grifadas pelo seu sinônimo (de significado semelhante):

João, um **humilde** homem, sentou-se a cochilar.

Sua filhinha pegou uma tesoura e pôs-se a **reduzir** os cabelos do papai que estavam compridos.

Quando acordou, João aprontou o maior **rebuliço** ao se ver no espelho.

Que **apuro**!

João mandou **tosar** os cabelos para que não **zombassem** dele.

II - ENTENDIMENTO DA LEITURA

1 - Copie as perguntas e responda-as de forma bem completa em seu caderno:

a) Um burrinho caminhava à frente. Que fazia ele?

b) Que aconteceu ao burrinho esperto quando viu uma bela moita de capim verdinho?

c) Em língua de burro que zurrou o animal esperto?

d) Que o burrinho humilde disse quando lhe foi oferecido o melhor capim?

e) Se você fosse o burrinho humilde que responderia em língua de burro para o amigo em apuros?

f) Você já esteve em apuro alguma vez?

Conte essa experiência.

2 - Observe as gravuras para responder:

a) Um dos burrinhos está com as orelhas murchas.
Qual deles?
Por quê?

b) Ali está a moita. Como aparece no texto?
c) Quem comeu em primeiro lugar?

d) Por que este burrinho está correndo?
e) Como se chama a fala do burro?
f) Por que os cães atacaram o burrinho?
g) Por que o burrinho humilde deu coices nos cães?

III - TREINO ORTOGRÁFICO

1 - Copie no caderno as palavras, grifando as que têm rr :

ralo	regalar	burrinho	carregado
resto	beira	companheiro	herói
correu	zurro	poderá	rebuliço
orelhas	reduziu	socorro	disparou

2 - Nas palavras acima existem algumas que só têm um r brando (fraco)
Forme orações com elas.

3 - Ainda, nas palavras acima, existem cinco que têm apenas um r fraco.
Escreva as cinco palavras, separando as sílabas.

4 - Copie as palavras substituindo o ☐ por r ou rr :

bu ☐ inho   companhei ☐ o   zu ☐ os
he ☐ ói   ☐ ebuliço   ☐ esto
soco ☐ o   bu ☐ os   o ☐ elhas

15

1 - Leia:

O ALFABETO

II PARTE

MAIÚSCULAS, as letras maiores,
vocês sabem onde elas vêm?
No começo da oração
e em **nomes próprios** também.

Como da primeira vez,
em grupos, bem devagar,
vão dizendo os seus nomes
para depois decorar:

A	B	C	D	E	F	G
H	I	J	L	M	N	O	P
Q	R	S	T	U	V	X	Z

Agora copiem tudo,
com letra bem caprichada!
Prestem muita atenção,
procurem não errar nada.

A B C D E F G H I J L M

N O P Q R S T U V X Z

2 - Repare nestas letras que não pertencem ao nosso alfabeto.

Aparecem em palavras estrangeiras e abreviaturas:

k = cá	w = dáblio	y = ípsilon
Leia **ca-co** ou **qui**	Leia **u**	Leia **i**

Kombi	Wilson	Yamamura
quilômetro (km)	Walt Disney	Ykeda
quilograma (kg)	Show	Disneylândia

16

3 - Copie as orações substituindo a ☆ pelo nome certo:

      Mário   **Joca**   **A Barateira**

O menino se chama ☆ .

O burrinho se chama ☆ .

A loja se chama ☆ .

    Os nomes: **Mário**, **Joca** e **"A Barateira"** pertencem a um só menino, a um só burrinho, a uma só loja.

> Os nomes que pertencem a um só ser chamam-se:
> **nomes próprios** (substantivos próprios)
> Escrevem-se com letra maiúscula.

4 - Escreva em seu caderno três nomes próprios (substantivos próprios) de:

    | pessoas | | cidades | | lugares | | lojas |

5 - Copie separando os substantivos comuns e os substantivos próprios:

Wilson	abacate	Pedro	lápis
batata	Mário	burrinho	Roberta
Yamamura	cadeira	Fernanda	orelhas

V - REDAÇÃO

    Carlos é um menino valentão. Está sempre humilhando os seus amigos com zombarias e causando rebuliço na escola.

    Um dia se deu mal, quando tentou enfrentar Osvaldo, aquele humilde garotinho da Vila Ré.

    Conte-nos os apuros de Carlos:
- onde se encontraram
- que fez Carlos a Osvaldo
- que houve entre eles
- como acabou o caso

LÁ VEM "MARIA FUMAÇA"

Branca Alves de Lima

Pi...i...i
Lá vem
"Maria Fumaça"
Vem correndo
Vem rangendo
Vem rompendo
A solidão.
Ligeirinha
Passa túnel
Não há mais
Escuridão.

Pi...i...i...
Lá vem
"Maria Fumaça"
Avançando
Apitando
Vem gingando
Vem jogando
Fumaceira
Pelo ar.

Olha a ponte
Olha o monte
Viaduto
Pontilhão.
Olha a roça
E a choupana
Que bonita
Plantação.

Lá vai
"Maria Fumaça"
Vai seguindo
Vai subindo
A distância
Reduzindo.
Vai sumindo
Lá na curva
Do caminho.

Já vem vindo
Mais depressa
Vem correndo
Vem rangendo
Vem dizendo
   Comigo sim
   Comigo sim
   Comigo sim.

Pi...i...i...
Lá vem
"Maria Fumaça"
Vem chegando
De-va-gar
   Comigo sim...
   Comigo não...
   Comigo sim...
   Comigo não...
Bufa e pára
Na estação.

I - ESTUDO DO VOCABULÁRIO

1 - Aqui estão algumas palavras para você melhorar o seu vocabulário:

bufa	—	solta ar
choupana	—	palhoça, cabana, casebre
gingando	—	andar balançando de um lado para outro
pontilhão	—	ponte pequena
rangendo	—	fazendo ruído de ferragens
reduzindo	—	diminuindo
rompendo	—	interrompendo, acabando
solidão	—	lugar isolado, despovoado, vazio
túnel	—	passagem subterrânea, passagem dentro da montanha

2 - Copie substituindo as palavras em negrito pelos sinônimos:

O robô Alfa atravessou o **pontilhão** e seguiu pelo **túnel**.
Gingando e **rangendo as ferragens** foi aos poucos **reduzindo** a velocidade.
Parou junto a uma **choupana** e **rompendo** o silêncio **bufou**: "Alfa não pode parar".

3 - Leia a poesia novamente e copie palavras terminadas em:

| ando | endo | indo |

Procure na lição outras palavras para rimar com elas.

Viu? Você também está começando a fazer poesia.

II - ENTENDIMENTO DA LEITURA

1 - Responda:

a) Quem é "Maria Fumaça"?
b) Como apita?
c) Onde ela joga a fumaceira?
d) Por onde passa esse trenzinho?
e) Que vem dizendo no caminho?
f) Na estação, como faz "Maria Fumaça"?

2 - Hoje quase não existe mais esse tipo de transporte, porque os trens foram substituídos pelas rodovias. Atualmente são movidos a óleo diesel que não solta fumaça.

Dê sua opinião:

Você acha que esse meio de transporte seria importante ainda hoje? Por quê?

O metrô é uma espécie de trem que percorre o subterrâneo das cidades, como se fossem grandes túneis.
É uma pena, pois não se pode ver a paisagem dos locais percorridos no gingado da "Maria Fumaça".

Releia a poesia e escreva as coisas que podemos ver pelas janelas do trenzinho.

III - TREINO ORTOGRÁFICO

1 - Veja nos vagões duas palavras do texto.

Pense e escreva mais cinco palavras com:

ce   ci

2 - Separe neste texto todas as palavras com:

Ceci e Cecília almoçaram cedo.
Comeram salada de alface, cenoura, cebola e um bife bem macio.
Não fazem gulodice, para não engordar e ficar com a cintura fina.
Depois foram ao cinema no centro da cidade.

3 - Copie e complete as palavras substituindo o ▢ por (ce) ou (ci) :

fo ▢ nho	co ▢ ira	ma ▢ o
capa ▢ te	notí ▢ a	conhe ▢ do
palá ▢ o	fuma ▢ ira	distân ▢ a

4 - Forme palavras. Veja o modelo:

1	2	3	4	5	6	7	8	9	10
ci	ma	ba	co	bo	nhe	da	a	ro	de
11	12	13	14	15	16	17	18	19	20
ce	la	fo	do	te	pre	ne	fe	nho	o

3 — 12
1 — 7 — 10
2 — 1 — 20
3 — 1 — 8
11 — 5 — 12

1 — 17 — 2 — cinema

3 — 19
11 — 14
13 — 1 — 19
14 — 1 — 19
4 — 6 — 1 — 14

IV - ATIVIDADES GRAMATICAIS

1 - As orações podem ter: um fato, dois fatos ou mais.

Veja:

O trem chegou.

A oração tem um só fato.

Veja agora:

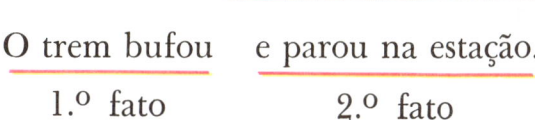

O trem bufou   e parou na estação.
  1.º fato   2.º fato

São dois fatos ligados pelo $\boxed{e}$.

2 - Agora você. Leia, copie e separe os fatos da oração:

O trem apita   e solta fumaça

3 - Copie os versos e substitua a ☆ por palavras que rimam. Olhe o modelo:

Correndo rima com **rangendo**.
Solidão rima com ☆ .
Apitando rima com ☆ .
Sumindo rima com ☆ .
Ponte rima com ☆ .

4 - Leia as orações:

A distância vai **reduzindo**.

A distância vai **diminuindo**.

As palavras **reduzindo** e **diminuindo** têm significado parecido.

> As palavras que têm o mesmo ou quase o mesmo significado chamam-se: **sinônimos**

Leia:

A distância vai **reduzindo**. A distância vai **aumentando**.
As palavras **reduzindo** e **aumentando** têm significado contrário.

> As palavras que têm significado contrário chamam-se **antônimos**.

5 - Copie substituindo a ☆ pelo antônimo das palavras entre parênteses:

"Maria Fumaça" ☆ chegando.   (vai)

Que ☆ plantação!   (feia)

O trenzinho vai ☆ .   (descendo)

"Maria Fumaça" está ☆ .   (aparecendo)

6 - Acentue as palavras com:

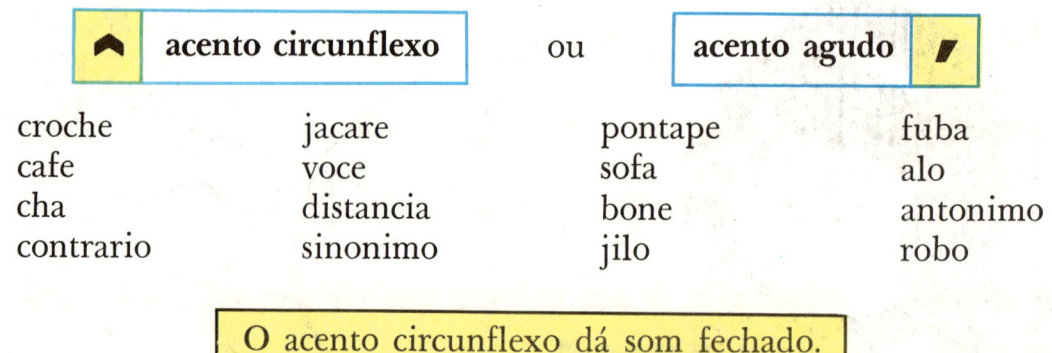

| ▲ acento circunflexo | ou | acento agudo ╱ |

croche	jacare	pontape	fuba
cafe	voce	sofa	alo
cha	distancia	bone	antonimo
contrario	sinonimo	jilo	robo

> O acento circunflexo dá som fechado.
> O acento agudo dá som aberto.

V - REDAÇÃO

Invente em seu caderno, uma história terminando assim:

...e foi a melhor viagem que eu fiz.

CADA UM CONTA O QUE FAZ

Um passarinho, uma abelha e uma gota d'água conversavam.

O passarinho contou:

— Quando o Sol aparece, vôo para o campo. Devoro bichinhos que estragam as plantas. Depois procuro galhinhos secos e folhas para construir meu ninho.

A abelhinha disse:

— Desde cedo vou colher o néctar das flores. Com ele, encho os favos da minha colmeia.

A gota d'água falou:

— Eu molho as hortas e os jardins. Depois vou para as nuvens formar a chuva que enche os mares, rios e lagoas.

Uma menina, que era preguiçosa e tudo ouvia, envergonhada decidiu:

— Já que os animais e até uma gota de orvalho se ocupam de alguma coisa, ajudarei à mamãe em casa e serei mais estudiosa na escola.

I - ESTUDO DO VOCABULÁRIO

1 - **Leia com atenção:**

colmeia	—	casa da abelha
construir	—	fabricar
decidir	—	resolver
devorar	—	engolir de uma vez, tragar
favos	—	lugar onde as abelhas depositam o mel
néctar	—	líquido açucarado das plantas com que as abelhas produzem o mel
orvalho	—	sereno

2 - **Substituir as palavras em negrito pelos sinônimos:**

A abelha **construiu** o **favo**.

Depois saiu para colher o **néctar** das plantas molhadas pelo **orvalho**.

Ao voltar para a **colmeia** atacou o moleque que **decidiu devorar** o mel que pensava haver nos favos.

II - ENTENDIMENTO DA LEITURA

1 - **Copie as orações e substitua a ☆ pelos nomes das personagens.**

— Eu molho as plantas e os jardins, disse a ☆.

— Quando o Sol aparece, vôo para o campo, disse o ☆.

— Desde cedo vou colher o néctar das flores, disse a ☆.

2 - **Quantas personagens há no texto?**

Quais são elas?

3 - **Copie a oração que conta o que a gota d'água falou.**

4 - **Responda:**

- Por que o passarinho procura galhinhos secos e folhas?
- Que faz a abelha para encher os favos da colmeia?
- Por que a menina que tudo ouvia ficou envergonhada?
- E você como pode ajudar?

5 - Na nossa comunidade muitas pessoas nos ajudam. Escreva o que fazem:

o médico   a cantora
o dentista   a enfermeira
o lixeiro   a professora
o carteiro   a escritora
o guarda   a mamãe

6 - Cole no caderno um recorte de jornal mostrando alguém fazendo alguma coisa para nos ajudar.

Escreva embaixo a respeito do trabalho dessa pessoa.

III - TREINO ORTOGRÁFICO

1 - Copie a relação de palavras abaixo.

encho   folhas   minha
enche   colher   ninho
bichinhos   molho   passarinho
chuva   abelha   envergonhada
            abelhinha
            galhinhos
            orvalho

2 - Copie as palavras substituindo o □ por ch lh ou nh **:**

andori □ a   □ uteira   □ aveiro   □ ocolate
mi □ ral   pati □ o   ga □ o   ore □ a
□ aleira   te □ a   verme □ o   mi □ oca

> O *ch*, o *nh* e o *lh* continuam na mesma sílaba.
> O *c*, o *n* e o *l* não se separam do *h*.
> Assim: ri-a-cho
>   mi-nho
>   a-be-lha

3 - Separe as sílabas das palavras:

bichinho   passarinho   joelho
chuva   ninho   galho

4 - No texto vemos escrito gota d'água, **em vez de** gota de água.

O sinal que aparece junto ao d' chama-se apóstrofo
Ele indica que uma letra foi suprimida.

IV - ATIVIDADES GRAMATICAIS

1 - Leia:

Vogais e consoantes

Branca Alves de Lima

No alfabeto ou A B C
há dois grupos desiguais:
no maior, as consoantes
e, no menor, as vogais.

Em número de dezoito
São as tais de consoantes.
Sozinhas não dizem nada;
precisam de ajudantes.

São:

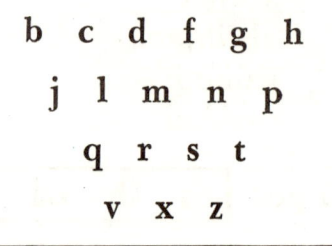

b c d f g h
j l m n p
q r s t
v x z

Agora vamos tratar
do grupinho das vogais.
Apesar de serem cinco,
são as que trabalham mais.

Experimente escrever
uma palavra qualquer
sem o

a e i o u

Não encontra uma sequer !

2 - Leia, copie e separe os fatos da oração:

A abelha voa e pousa na flor.

3 - Copie as orações e complete-as com os sinônimos das palavras entre parênteses:

1. Procuro galhinhos para ☆ meu ninho. (construir)
2. ☆ bichinhos que estragam as plantas. (Devoro)
3. Vou colher o ☆ das flores. (néctar)
4. A menina era ☆ . (preguiçosa)
5. O curumim humilde ☆ fazer uma flecha. (decidiu)

4 - Copie e numere as consoantes de 1 a 18:

b	c	d	f	g	h	j	l	m	n	p	q	r	s	t	v	x	z
1																	

5 - Copie a oração. Conte quantas consoantes contém e escreva a resposta:

A abelha faz o mel.

A oração contém ☆ consoantes.

6 - Copie, substituindo os numerais por consoantes e descubra palavras da lição.

Veja o modelo:

10	u	16	e	9

n u v e m

Agora você:

| 9 | e | 10 | i | 10 | a |

| 5 | o | 15 | a | | 14 | o | 8 |

7 - Leia:

Que contou o passarinho?	A oração que pergunta alguma coisa chama-se: **interrogativa** Termina com ponto de interrogação ?
Como a abelhinha trabalha!	A oração que indica admiração ou espanto chama-se: **exclamativa** Termina com ponto de exclamação !

8 - Escreva orações com a palavra menina

interrogativa   exclamativa

V - REDAÇÃO

Conte em seu caderno, como ocupa todas as horas de seu dia, desde que se levanta até que se deita.

A CIGARRA, A FORMIGA E O VAGA-LUME

Em uma noite escura de Inverno, uma cigarra tremia pousada em um galho.

Ao vê-la, uma formiga perguntou:

— Que faz aí, escondida?

Criando vida nova, a cigarra respondeu:

— Vim a este bosque durante o dia. Cantei tanto, que nem vi a noite chegar. Nesta escuridão, não sou capaz de voltar para o buraco, no tronco do Ipê onde moro.

A formiga, invejosa porque levava uma vida só de trabalho, disse:

— Ah! Eu sei onde é mas, vocês as cigarras, vivem a cantar e esquecem da vida. Arrume-se agora.

Um vaga-lume que passava ouviu tudo e falou:

— Eu a levarei, pois gosto de ajudar a todos que necessitam.

Então, acendeu seu pisca-pisca e lá se foram os dois voando no escuro da noite.

I - ESTUDO DO VOCABULÁRIO

1 - Estude estas palavras ou expressões:

bosque	— mata
criar vida nova	— se reanimar
Inverno	— estação fria do ano (entre o Outono e a Primavera)
Ipê	— pau d'arco (árvore com flores amarelas ou arroxeadas. É considerada a árvore nacional)
necessitam	— precisam

2 - Copie as orações e substitua as palavras grifadas pelos sinônimos:

Para **criar vida nova**, a cigarra no **Inverno, necessita** voltar para o buraco no tronco do **Ipê**.

Durante o dia, o **bosque** se enche de cigarras.

II - ENTENDIMENTO DA LEITURA

1 - Responda no caderno:

a - Por que a formiga não ajudou a cigarra?

b - A cigarra é uma artista. Com seu canto ela alegra a todos.
Você assiste programas de rádio e de TV?
Já viu ou ouviu pessoas que trabalham cantando?
Escreva os nomes de alguns cantores.

c - Você conhece alguma canção?
Escreva o nome dela.

d - Que você sente quando o Inverno se aproxima?

e - Que faz você criar vida nova?

2 - O Ipê é a árvore nacional.

Desenhe um Ipê na Primavera e outro no Inverno.
Escreva debaixo de cada desenho que estação do ano ele representa.

3 - Leia e responda:

Você concorda com a opinião do vaga-lume ou da formiga?
Por quê?

4 - Escreva o nome de uma pessoa que procura ser útil como o vaga-lume.

III - TREINO ORTOGRÁFICO

1 - **Leia em voz alta as sílabas e depois copie as palavras em colunas, nesta ordem:**

as	es	is	os	us
pescada	astro	estudo	isto
pasto	escada	buscapé	gosta
revista	amostra	cisco	fusca
poste	susto	rosca	escova
cuspe	isca	mastro	asma

2 - **Escolha cinco palavras das colunas acima e forme orações com elas.**

3 - **Observe o modelo e continue o exercício no caderno:**

a escola — as escolas

a escada	a casca	o poste
a espiga	a festa	o estojo
a isca	o espelho	a escama
a história	o castigo	o disco
o cisne	a mosca	a cesta

IV - ATIVIDADES GRAMATICAIS

1 - **Copie as orações, e substitua a ☆ pelo antônimo da palavra entre parênteses:**

a) A noite estava ☆ .   (clara).
b) A cigarra não viu ☆ chegar. (o dia).
c) A cigarra criou vida ☆ .   (velha).
d) A formiga ficou ☆ .   (triste).
e) O pisca-pisca era ☆ .   (inimigo).

2 - **Copie e complete cada um com seu par:**

O menino e a menina.
O lápis e a caneta.
O gato e a
O pato e a
Um peru e uma
Um moço e uma

O substantivo é **masculino** quando antes dele colocamos: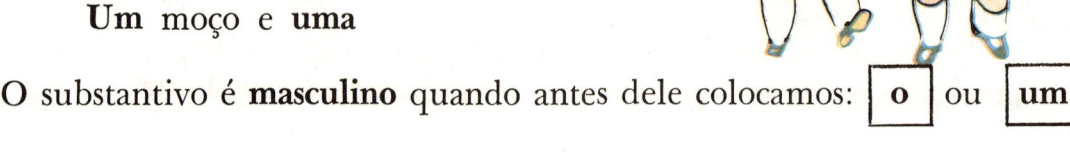

30

3 - Forme pares substituindo a ☆. Veja o modelo:

O **rei** vai com a **rainha.**
O **papai** vai com a ☆.
O **príncipe** vai com a ☆.
O **homem** vai com a ☆.
O **carneiro** vai com a ☆.
Um **bode** vai com uma ☆.
Um **cão** vai com uma ☆.
Um **boi** vai com uma ☆.

O nome é **feminino** quando antes dele **colocamos a** ou **uma**.

4 - Veja o modelo e continue:

A cigarra **canta** durante o dia.
Eu **canto** durante o dia.
Nós **cantamos** durante o dia.
Eles **cantam** durante o dia.

A formiga **pergunta** a ela.
Eu ☆ a ela.
Nós ☆ a ela.
Eles ☆ a ela.

A formiga **trabalha** muito.
Eu ☆ muito.
Nós ☆ muito.
Eles ☆ muito.

5 - Leia a história da cigarra e da formiga.

Repare que algumas linhas começam mais para dentro.

> **A CIGARRA E A FORMIGA**
> A cigarra passava os dias a cantar.
> A formiga trabalhava noite e dia.
>   No Inverno, a cigarra não tinha o que comer e a formiga vivia com fartura.

Cada entrada é um parágrafo indicando mudança de assunto.

O **1.º parágrafo** fala da cigarra.
O **2.º parágrafo** fala do trabalho da formiga.
O **3.º parágrafo** conta como elas passaram o Inverno.

Cada vez que o assunto é diferente, fazemos parágrafo, isto é, mudamos de linha e escrevemos mais para dentro.

6 - Vamos separar os fatos da oração por traços. Repare:

<u>A menina sentou</u> <u>para ouvir a conversa</u>
    1.º fato   2.º fato

São dois fatos ligados pela palavra **para**.

7 - Agora você. Separe os fatos das orações:

O vaga-lume chegou para ajudar a cigarra.

As formigas trabalham para todo o formigueiro.

V - REDAÇÃO

1 - Leia nos balões a conversa da cigarra e da formiga:

A conversa entre duas ou mais pessoas chama-se: **diálogo**

O diálogo também pode aparecer assim:

— Amiga formiga, não sei voltar para o Ipê onde moro.
— Eu sei. Mas você vive a cantar, arrume-se agora.

O sinal que aparece antes da fala da cigarra e da formiga chama-se: **travessão**

O travessão é um sinal usado quando há conversa entre duas ou mais pessoas.

2 - Passe o diálogo de Pedroca e Tião para os balões que você vai desenhar:

— Tião, onde você vai correndo tanto?
— Vou buscar meu papagaio que caiu em cima da casa.

Não esqueça! Nos balões **não se coloca travessão.**

FIGURINHAS QUE PAGAM

Antigamente não havia selos.

As cartas eram levadas por homens chamados mensageiros.

Viajavam a cavalo, percorrendo vilas e cidades.

Para avisar que estavam chegando, tocavam uma trombetinha.

Aqueles que recebiam cartas pagavam ao mensageiro o seu trabalho.

Se a carta vinha de muito longe, o preço era maior.

Hoje o correio é um serviço rápido e as cartas são entregues pelos carteiros.

Podemos mandar uma carta para qualquer lugar do Brasil ou mesmo para fora do país.

Basta colar nela uma figurinha chamada selo.

O selo é a prova de que o transporte da carta já está pago.

I - ESTUDO DO VOCABULÁRIO

1 - Copie as palavras e seu significado:

mensageiro	— pessoa que leva mensagens ou recados
percorrendo	— andando por
rápido	— ligeiro, veloz
transportar	— conduzir
trombeta	— instrumento musical de sopro

2 - Copie as orações substituindo a ☆ por palavras do vocabulário.

Humberto, o ☆ percorria longas distâncias, ☆ cartas, telegramas e mensagens.

Em cada lugar que parava tocava ☆ para que todos recebessem ☆ suas mensagens.

II - ENTENDIMENTO DA LEITURA

1 - Copie as orações, completando-as com a palavra certa:

a) Antigamente as cartas eram levadas por — passageiros / mensageiros / corneteiros

b) Os mensageiros viajavam — de trem / a cavalo / de avião

c) Os mensageiros tocavam — uma flautinha / uma sanfoninha / uma trombetinha

2 - Por que um carteiro é um mensageiro?

3 - Você já recebeu alguma mensagem?

4 - Como o carteiro hoje avisa que tem uma mensagem para você?

III - TREINO ORTOGRÁFICO

1 - Copie o vocabulário em seu caderno, separando as sílabas. Veja o modelo:

argola		colar
carteiras	**cartas car - tas**	lugar
serviços		avisar
percorrendo		mandar
transporte		maior
par		qualquer

2 - Complete com ar er ir or ur as palavras, copiando em seu caderno:

compr ☐	c ☐ da	c ☐ to
acord ☐	☐ gola	c ☐ co
c ☐ po	lat ☐	com ☐
☐ vilha	p ☐ na	am ☐
m ☐ cho	sa ☐	

IV - ATIVIDADES GRAMATICAIS

1 - Veja:

	O selo	Uma coisa só: **singular**
	Os selos	Mais de uma coisa: **plural**

2 - Faça aumentar o número de coisas (plural). Veja o modelo:

pá	— pás	caqui	trombeta
pé	—	siri	figurinha
nó	—	táxi	serviço
pó	—	carta	correio
avó	—	carteiro	sacola

3 - Continue de acordo com o modelo:

O carteiro **levou** a carta.
Os carteiros **levaram** as cartas.

A carta **estava** aberta.
As ☆ .

O mensageiro **toca** a trombeta.
Os ☆ .

4 - Copie substituindo a ☆ pela palavra certa. Veja o modelo:

Ele **toca** uma trombetinha.
Eu **toco** uma trombetinha.
Nós **tocamos** uma trombetinha.

Agora é você:

Ele manda a mensagem por carta.
Eu ☆ uma mensagem pelo ☆ .
Nós ☆ uma ☆ pelo telefone.

Ela grita ao ver o cantor na televisão.
Eu ☆ ao ver o ☆ na ☆ .
Nós ☆ ao ver o ☆ na ☆ .

5 - Aprenda a falar e depois copie substituindo a ☆ .

Colei o **selo** na carta.
A carta já está **selada**.

O correio **levou** a carta.
A carta já foi ☆ .

Ele **tocou** uma trombetinha.
A trombetinha já foi ☆ .

Mandei o **aviso** a ele.
Ele já foi ☆ .

Eu já **colei** o selo.
O selo já foi ☆ .

6 - Copie e passe para o diminutivo. Veja o modelo:

Uma figura pequena é uma **figurinha**.
Uma trombeta pequena é ☆ .
Uma carta pequena é ☆ .
Um cavalo pequeno é ☆ .
Um selo pequeno é ☆ .
Um telefone pequeno é ☆

7 - Faça como no modelo, completando o que falta:

selos	— substantivo comum	— normal	— masculino	— plural
Paulão	— ☆	— ☆	— ☆	— singular
Rosinha	— substantivo próprio	— diminutivo	— ☆	— ☆
sacolas	— ☆	— ☆	— ☆	— plural

V - REDAÇÃO

Leia o bilhete que Roberto escreveu ao seu amigo Mário:

> Mário
> Você pode me emprestar as suas chuteiras?
> Amanhã vai haver jogo no campinho.
> Muito obrigado.
> O colega
> Roberto.
>
> 20/4/1985

O bilhete deve ter:
- nome da pessoa a quem é dirigido
- assunto bem resumido
- assinatura de quem o escreveu
- data

Agora você. Responda no seu caderno, devolvendo e agradecendo o empréstimo das chuteiras.

DA TROMBETA AOS NOSSOS DIAS

Os tempos mudaram.

Os homens continuam a se comunicar cada vez mais.

A Casa da Moeda fabricou selos postais.

E, em 1841, foi votada a lei brasileira que obrigou o uso do selo nas cartas.

O primeiro selo brasileiro chamou-se "olho-de-boi".

Hoje o mensageiro não anda a cavalo.

A correspondência é levada pelo trem-de-ferro, pelo automóvel e pelo avião, em malas postais, para todo o território brasileiro.

E os selos aí estão comemorando fatos da Pátria: a República, a Independência, a Galeria dos Presidentes.

Alguns lembram fatos sociais como: os brilhantes atletas das Olimpíadas e personagens ilustres.

Outros representam nossas tradições: o folclore, o Carnaval, o Natal.

Há milhares de colecionadores de selos. Foi assim que nasceu mais um hábito: a Filatelia.

Os mensageiros não desapareceram. Eles aí estão: visitando nossas casas, tocando as campaínhas ou simplesmente dizendo:

— Olha o correio!

Vamos recebê-los muito bem. São nossos amigos.

I - ESTUDO DO VOCABULÁRIO

1 - Leia:

Casa da Moeda	— repartição pública incumbida de imprimir dinheiro, selos etc.
comemorar	— recordar com festa
fatos sociais	— acontecimentos da sociedade
Filatelia	— hábito e gosto de colecionar selos
galeria	— coleção de quadros, estátuas, troféus, taças etc.
ilustre	— que tem qualidades dignas de louvor
mala postal	— mala de lona, trancada e selada para transportar correspondências
Olimpíadas	— jogos modernos que se realizam de quatro em quatro anos
personagens	— pessoas
território brasileiro	— extensão das terras brasileiras
tradições	— fatos e lendas que se transmitem de geração em geração, (de pais para filhos, de filhos para netos etc.)

2 - Copie trocando as palavras grifadas pelos sinônimos:

Os atletas brasileiros têm participado das **Olimpíadas** que se realizam em diversas partes do mundo, de quatro em quatro anos.

Esses **personagens** têm recebido medalhas pelos feitos em vários tipos de esportes.

Assim vai crescendo a **galeria** dos nossos atletas **ilustres**.

A **Casa da Moeda**, além de nossas **tradições**, também **comemora**, em selos, o **fato social** e esportivo.

Através do correio, os selos são levados aos mais distantes lugares do **território brasileiro**, em **malas postais**.

II - ENTENDIMENTO DA LEITURA

1 - Responda em seu caderno:

    a) Por que os mensageiros hoje não usam mais o cavalo para entregar cartas e telegramas?
    b) Onde são impressos os selos das cartas?
    c) Que nome recebeu o primeiro selo brasileiro?
    d) Para onde podemos mandar cartas?

2 - Cite, em seu caderno, dois fatos históricos que os selos comemoram.

3 - Consulte o vocabulário e explique porque o Carnaval é uma tradição.

III - TREINO ORTOGRÁFICO

1 - Leia a palavra:

casa

Reparou que o **s** tem som de **z** ?

Observe e copie as palavras abaixo:

    casaco   camiseta   teimoso
    risada   Brasil   perigoso

Descobriu?

> Um **s** tem som de **z** quando está entre as vogais: **a e i o u**

2 - Agora você. Copie da lição as sete palavras em que o **s** tem som de **z**.

IV - ATIVIDADES GRAMATICAIS

1 - Observe a oração:

    Vou à **cidade**.

O acento colocado sobre o **à** indica a reunião de (**a** + **a**). Chama-se:

acento grave

Substitua os dois **a a** **por um só** **à** **com acento grave.**

    Fui **a a** praia.
    Ele viajou **a a** cidade de Campinas.
    Quando for **a a** casa da vovó, iremos **a a** roça de milho.

2 - Copie e faça tudo grande. Olhe o modelo e continue:

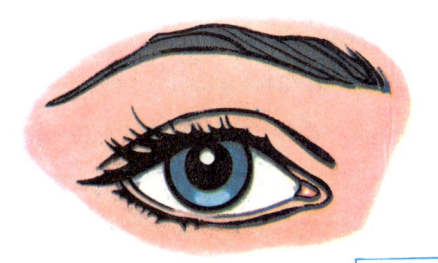

Um **olho** grande é um **olhão**.
Um **galho** grande é um ☆ .
Um **repolho** grande é um ☆ .
Um **retalho** grande é um ☆ .
Um **barulho** grande é um ☆ .

3 - Diminua tudo, usando inho

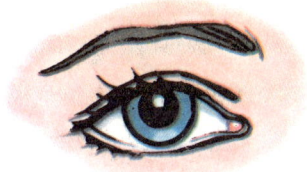

Um **olho** pequeno é um **olhinho**.
Um **galho** pequeno é um ☆ .
Um **repolho** pequeno é um ☆ .
Um **retalho** pequeno é um ☆ .
Um **barulho** pequeno é um ☆ .

4 - Leia

olho ⟶ tamanho normal
olhão ⟶ tamanho grande
olhinho ⟶ tamanho pequeno

olho ⟶ grau normal
olhão ⟶ grau aumentativo
olhinho ⟶ grau diminutivo

5 - Passe os substantivos para os graus: aumentativo e diminutivo:

Grau normal	Grau aumentativo	Grau diminutivo
filho	filhão	filhinho
joelho		
piolho		
alho		
retalho		

6 - Descubra palavras da lição no quadro abaixo. Escreva no caderno:

s	b	c	o	r	r	e	i	o	m	p	u
h	x	u	r	c	a	r	t	a	s	t	b
i	z	s	t	d	b	s	e	l	o	v	v
t	r	o	m	b	e	t	i	n	h	a	d
f	c	a	r	t	e	i	r	o	s	b	c

7 - Aprenda alguns diminutivos e aumentativos especiais

Aumentativos			Diminutivos		
cabeça	—	cabeçorra	rio	—	riacho
boca	—	bocarra	casa	—	casebre
casa	—	casarão	lugar	—	lugarejo
fogo	—	fogaréu	burro	—	burrico
homem	—	homenzarrão	barba	—	barbicha
copo	—	copázio	chuva	—	chuvisco
nariz	—	narigão	saco	—	sacola
muro	—	muralha	papel	—	papelucho
mulher	—	mulherona	velho	—	velhote
chapéu	—	chapelão	cova	—	covil

8 - Copie as orações passando as palavras grifadas para os aumentativos especiais acima:

O **homem** que mora na **casa** rodeada de **muro** foi até o bar.

Tomou um **copo** de vinho.

Com o **nariz** vermelho como um pimentão, abriu a **boca** e xingou a **mulher** porque riu dele.

9 - Copie as orações passando as palavras grifadas para os diminutivos especiais:

Maneco mora com o **velho** de **barba** numa **casa** à beira do **rio**.

Mesmo com **chuva** ele sai montado no **burro** Cipó.

Pega um **saco**, enche de **papéis** e todos os dias vai vender num **lugar** chamado **Cova** da Raposa.

V - REDAÇÃO

Chamaram no portão.

— Correio!

Mauro foi atender e deu um grito de alegria.

Escreva o que diz a carta que Mauro recebeu.

CHIMPANZÉS SABIDOS

Xibimba era o chefe de um bando de chimpanzés fortes e robustos.

Viviam muito unidos numa floresta.

Comiam frutas, nozes, amêndoas e raízes que encontravam.

Um dia, estavam reunidos tomando Sol.

De repente, escutaram um tiro de espingarda.

Eram caçadores que se aproximavam.

Os macacos que estavam embaixo, no chão, subiram logo para as árvores, guinchando e pulando, de galho em galho. Zangados, tanta algazarra faziam e guinchos soltavam, que os homens imaginaram que mil chimpanzés queriam atacá-los. De repente, os animais colheram frutos verdes nas árvores, jogando-os nas cabeças dos inimigos.

Os caçadores debandaram aos tombos.

Vitoriosos, Xibimba e seus companheiros voltaram a tomar Sol.

I - ESTUDO DO VOCABULÁRIO

1 - Leia os sinônimos de algumas palavras da lição:

algazarra	— gritaria
aproximar	— chegar perto, avizinhar
chimpanzé	— grande macaco, pongo
debandaram	— fugiram desordenadamente, se dispersaram
guinchos	— gritos agudos, fortes, estridentes
robusto	— corpulento, vigoroso

2 - Copie e substitua as palavras grifadas pelas do vocabulário

Os **chimpanzés** fizeram tanta **algazarra** que, os caçadores que **se aproximavam**, **debandaram** aos tombos pela floresta.

Pensaram que mil **chimpanzés robustos** com seus **guinchos** queriam atacá-los.

II - ENTENDIMENTO DA LEITURA

1 - Responda no caderno:

a) Quem era Xibimba?
b) Onde viviam os chimpanzés?
c) Que comiam eles?
d) Que escutaram quando estavam tomando Sol?
e) Por que fizeram tanta algazarra?
f) Que os caçadores pensaram?
g) Que fizeram eles então?

2 - Por que os chimpanzés chefiados por Xibimba foram espertos?

3 - Copie os fatos pela ordem em que aconteceram na lição:

Vitoriosos, Xibimba e seus companheiros voltaram a tomar Sol.

Xibimba era o chefe de um bando de chimpanzés fortes e robustos.

Um dia estavam reunidos tomando Sol.

Os caçadores debandaram aos tombos.

Eram caçadores que se aproximavam.

III - TREINO ORTOGRÁFICO

1 - Complete o vocabulário com [m] **ou** [n]

Repare que, no final das palavras usamos [m]

Xibi □ ba   to □ bos   ti □ tas
de repe □ te   amê □ doas   pula □ do
co □ panheiros   toma □ do   e □ baixo
gui □ cha □ do   chi □ pa □ zé   encontrava □
ba □ do   espi □ garda   debandara □

Antes das letras [b] e [p] só se usa ☆ .
Antes das outras letras usamos ☆ .

2 - Complete com | am em im om um | :

□ bigo   t □ po   jard □
b □ ba   amendo □   cap □
b □ bu   c □ po   viag □
t □ bo   c □ balhota   garag □

IV - ATIVIDADES GRAMATICAIS

1 - Procure no texto e escreva palavras iniciando com as letras do alfabeto:

a —	e —	i —	n —	r —	v —
b —	f —	j —	o —	s —	x —
c —	g —	l —	p —	t —	z —
d —	h —	m —	q —	u —	

2 - Leia:

> Nas palavras podem se encontrar duas ou três vogais juntas
> Chamam-se: **encontros vocálicos** ou **encontros de vogais**

Leia as palavras e veja os **encontros de vogais**:

    roupa   az**ei**te   m**oi**ta

    [ou]   [ei]   [oi]

Copie as palavras e circule os **encontros de vogais**:

    peixe   foice   aula
    moeda   lua   viola
    titio   papai   meia

3 - Agora copie as palavras e escreva debaixo o encontro de vogais:

p a i   m e u   b o i

| a i | e u | o i |

som fraco / som forte (sob cada)

O encontro de uma vogal forte e de uma fraca, pronunciadas de uma só vez, na mesma sílaba, tem o nome de:

ditongo

4 - Assinale os ditongos nas palavras:

| feixe | roupa | coice | baixo |
| jeito | noiva | aula | meu |

5 - Complete as palavras com estes ditongos:

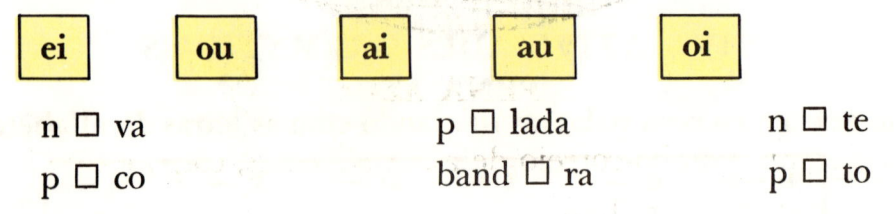

| ei | ou | ai | au | oi |

n □ va   p □ lada   n □ te
p □ co   band □ ra   p □ to

6 - Conheça outros ditongos:

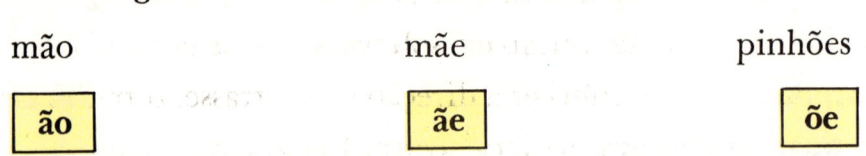

mão   mãe   pinhões

| ão | ãe | õe |

7 - Assinale os ditongos nas palavras:

| irmão | mãe | balões |
| fogão | mamãe | lições |

V - REDAÇÃO

O time dos "Canarinhos" se preparou para um jogo contra o time dos "Pardais".

A passarada convida você, com grande algazarra, para fazer as regras do jogo antes que os passarinhos se biquem.

PENA AZUL

Pena Azul era um pombo-correio de asas resistentes, corpo muito leve e vôo rápido.

Nasceu em um pombal militar.

Ao completar um mês, começaram as primeiras lições de vôo.

Seu treinador o retirava do ninho e o soltava a pouca distância do viveiro.

Para voltar, precisava reconhecer a direção e, se errasse, o treino era repetido.

Só comia quando chegava ao local certo. Como estava faminto, voltava depressa.

Num anel preso à perna, carregava coisas pequenas e leves: papel, algodão, penas.

Depois de alguns meses já era um pombo adulto e adestrado para ajudar o homem.

Carregava cartas, ofícios, telegramas e chegava ao seu destino sem errar o caminho.

Certa vez teve de cumprir uma missão difícil.

Levar uma ordem do quartel-general a uma companhia de soldados sitiados pelo inimigo. As comunicações telegráficas estavam cortadas. Necessitava chegar depressa.

De repente sentiu que estava ferido, mas ainda teve forças e chegou ao seu destino.

O anel de sua perna foi retirado e a ordem de avançar da mensagem, cumprida.

O inimigo recuou e Pena Azul, em meio a grande alegria, foi condecorado com uma medalha de ouro.

I - ESTUDO DO VOCABULÁRIO

1 - Leia com atenção:

adestrar	— treinar
condecorado	— recebeu medalha por feito honroso
faminto	— esfomeado, com muita fome
habituado	— acostumado
local	— lugar
missão	— incumbência
ofício	— comunicação oficial feita em papel de tamanho especial
reconhecer	— conhecer de novo, identificar
resistentes	— fortes, sólidas
treinador	— pessoa que treina, que ensina, professor
viveiro	— lugar especial para criação (de animais ou de plantas)

2 - Copie as orações trocando as palavras grifadas pelos sinônimos:

Há **treinadores** para pombos-correio.
A ave tem que ser **resistente**.
Ela é criada em **viveiros** e **treinada** para **reconhecer** a direção.
O pombo-correio está **habituado** a **missões** difíceis: levar ofícios e documentos a algum lugar.
Como está **faminto** procura chegar depressa.

3 - Se você tivesse que condecorar alguém a quem daria a medalha?

II - ENTENDIMENTO DA LEITURA

1 - Copie a resposta com o final certo.

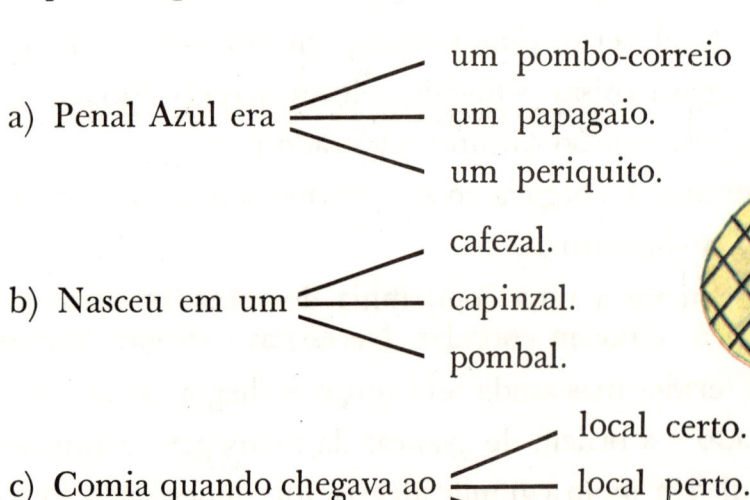

a) Penal Azul era
- um pombo-correio
- um papagaio.
- um periquito.

b) Nasceu em um
- cafezal.
- capinzal.
- pombal.

c) Comia quando chegava ao
- local certo.
- local perto.
- local deserto.

2 - Responda em seu caderno:

a) Quando começaram as primeiras lições de vôo?

b) Que acontecia se o pombinho errava?

c) Como foi treinado Pena Azul?

d) Que precisou cumprir certa vez?

e) Por que teve de voar muito alto?

f) Que aconteceu de repente?

g) Onde o pombo carregava a mensagem?

3 - Conte como terminou a missão difícil.

4 - Pense e escreva outro título para esta lição.

III - TREINO ORTOGRÁFICO

1 - Copie do texto palavras com al - el - il - ol - ul

2 - Separe as sílabas das palavras e circule as sílabas que terminam em 1
Veja o modelo:

alfinete (al)-fi - ne - te

algodão	balde	colcha
almoço	caldo	salto
almofada	calça	volta
último	calçada	pulga

3 - Observe os modelos e forme o plural de:

pombal — pombais	anel — anéis	fuzil — fuzis
farol	papel	funil
lençol	pastel	barril
caracol	pincel	infantil
espanhol	cascavel	juvenil

IV - ATIVIDADES GRAMATICAIS

1 - Copie as palavras e escreva debaixo os ditongos. Veja os modelos:

        rei   pão
        | ei | | ão |

baixa	cão	cuidado	céu
balões	sumiu	navio	lição
pouco	touro	mamãe	mau

2 - Agora veja como eu dividi as sílabas da palavra | ra - iz |

As vogais **ai** estão em sílabas diferentes.

As vogais são pronunciadas e escritas separadamente.

O encontro de duas vogais pronunciadas em sílabas separadas, forma o **hiato**.

> **Hiato** quer dizer separação.
> As vogais estão em sílabas separadas.

3 - Divida as palavras em sílabas e veja como as vogais ficam em sílabas separadas.

Olhe o modelo:

| moela   **mo e la** |

As vogais **oe** estão em sílabas diferentes.

Agora você. Separe as sílabas das palavras e veja os **hiatos**.

| baú | cair | tia |
| juiz | sair | pia |

4 - Agora separe as sílabas e veja o hiato nessas palavras:

| fiapo | diabo | moeda |
| saúde | piolho | moído |

Assinale os hiatos nas palavras. Veja o modelo:

| c**oe**lho | piada | fiado | caído |
| cuíca | viúva | miado | raízes |

5 - Você sabe que:

correio	É nome de mensageiro.
cama	É nome de móvel.
moleque	É nome de menino levado.

Se juntarmos estas palavras com outras, formamos **palavras compostas**. Veja:

pombo-correio	É nome de ave mensageira.
sofá-cama	É nome de móvel.
pé-de-moleque	É nome de doce.

> O traço que une as **palavras compostas** chama-se:
>
> h í f e n

6 - Copie separando em duas colunas os substantivos simples e os compostos:

vira-lata   feira   chuva
segunda-feira   beija-flor   cachorro-quente
flor   guarda-chuva   papo
bate-papo   lata   casa

7 - Com as palavras forme outras duas, compostas.

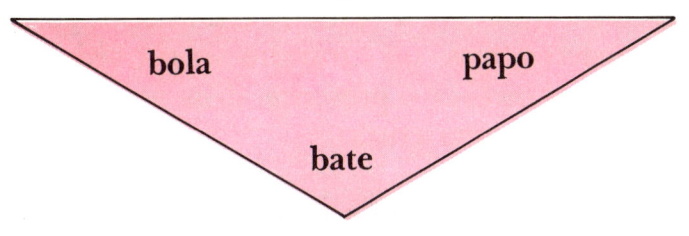

bola   papo   bate

V - REDAÇÃO

Escreva uma mensagem no caderno, para o pombo-correio levar a um seu colega.

Olhe as letras e descubra três partes do corpo do pombo.

APUROS DE UM ANALFABETO

Bem cedo um fazendeiro chamou seu empregado José e recomendou:
— Vá à cidade, leve este bilhete e a cesta de frutas ao meu amigo Vicente.
José prontamente obedeceu mas, no caminho sentiu sede e chupou uma fruta.
O amigo do fazendeiro, ao receber o presente, disse ao portador:
— Seu safado, está faltando uma fruta.
— Como o senhor sabe?
— É simples. O bilhete está contando quantas frutas vieram.
José resmungou:
— Bicho mexeriqueiro! Vai ver só o que faço para que o papel não conte mais nada.
Dias depois, o fazendeiro mandou levar mais frutas e outro bilhete ao amigo.
No meio do caminho José sentou-se sobre a missiva e disse:
— Agora posso comer sossegado algumas frutas, pois o papel não está vendo.
O amigo recebeu o presente e perguntou:
— As frutas estão doces?
— Não sei, senhor — falou José assustado.
— Como não sabe, se comeu três delas?
— Comi, sim senhor. Mas quem lhe contou se, desta vez, eu me sentei em cima do papel e ele não viu nada?
O fazendeiro riu daquela ingenuidade, leu para José o recado do amigo e disse:
— Se você soubesse ler, descobriria o que está escrito no bilhete.

I - ESTUDO DO VOCABULÁRIO

1 - Leia:

> **ingenuidade** — inocência, simplicidade
> **mexeriqueiro** — intrometido
> **missiva** — carta, bilhete
> **portador** — pessoa que leva carta ou encomenda
> **prontamente** — imediatamente, rapidamente
> **recomendou** — ordenou, avisou

2 - Substitua as palavras grifadas pelos sinônimos:

Um **portador** tocou a campainha e entregou uma **missiva.**
O papai havia **recomendado** que não abrissem sua correspondência.
Mas João Paulo, por **ingenuidade** ou por ser **mexeriqueiro**, logo desobedeceu.

II - ENTENDIMENTO DA LEITURA

1 - Responda:

Quem chamou José?
Que ordem ele recebeu?
Porque José não desconfiou que a escrita do bilhete explicava tudo?

2 - Dê sua opinião:

Você acha certa a atitude de José ao comer as frutas? Por quê?
Ele deve ser castigado? Por quê?
Se respondeu afirmativamente, que castigo ele merece?
Que conselho você daria a José?

III - TREINO ORTOGRÁFICO

1 - Olhe no texto e copie completando com ☐ c ou ☐ s :

☐ edo   ☐ eu
☐ erto   ☐ erta
☐ enhor   ☐ entiu
☐ ede   ☐ idade
☐ ismado   ☐ imples

2 - Complete com | ch nh ou lh | :

Bem cedo um sen ☐ or ☐ amou seu fi ☐ e disse:
— Po ☐ a estas frutas na cesta de pa ☐ a e leve para Seu ☐ ico.
Entregue também este bi ☐ ete.
O fi ☐ o ☐ upou três frutas no cami ☐ o.
Seu ☐ ico leu o bi ☐ ete e descobriu tudo.

IV - ATIVIDADES GRAMATICAIS

1 - Leia:

Nas palavras podem aparecer duas consoantes iguais. Veja:

    carro   tosse
    rr   **ss**

Os grupos de letras | rr | e | ss | têm o nome de:

dígrafo

2 - Copie as palavras e escreva debaixo os dígrafos:

    burro   corrida   garrafa
    massa   pessoa   assado

3 - Copie só as palavras que tenham dígrafos:

    terra   careta   serrote   osso
    casa   assobio   vareta   camisa

Leia:

chave	unha	olho	queijo	foguete
ch	nh	lh	qu	gu

Também são dígrafos:

| ch nh lh qu gu |

Copie as palavras e escreva debaixo os dígrafos:

    lenha   quiabo   palha   fogueira
    guia   chefe   moleque   galinha

4 - Copie e passe as orações do plural para o singular. Veja o modelo:

Os pintores espanhóis compraram uns pincéis.
O pintor espanhol comprou um pincel.

Os barris estão cheios de vinho.
O ☆ .

Os rapazes acenderam os faróis da moto.
O ☆ .

Estas festas são infantis.
Esta ☆ .

5 - Copie e escreva o plural das palavras acrescentando es :

colher — colheres

bar	mulher	pior
par	chofer	melhor
colar	dever	maior
lugar	flor	menor

6 - Escreva o plural dos nomes, acrescentando es . Veja o modelo:

luz — luzes

cartaz	paz	feliz	nariz
rapaz	vez	infeliz	feroz
capaz	juiz	aprendiz	cruz

7 - Continue a atividade. Substitua a ☆ pela palavra certa.

O amigo **recebeu** o presente.

Eu **recebi** o presente.
Nós **recebemos** o presente.

José **comeu três frutas.**

Eu ☆ três frutas.
Nós ☆ três frutas.

O mensageiro **descobriu** a escrita da carta.

Eu ☆ a escrita da ☆ .
Nós ☆ a escrita da ☆ .

8 - Nestas palavras há o encontro de duas consoantes:

    treino   pluma   preso   objeto

    tr   **pl**   **pr**   **bj**

> Quando duas consoantes se encontram numa palavra formam um **encontro consonantal**

9 - **Copie cada palavra debaixo do encontro de consoantes certo, separando-as em colunas.** Veja o modelo:

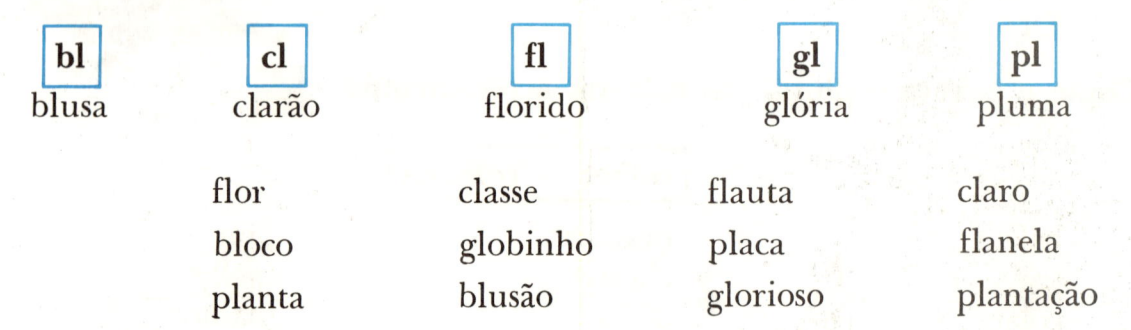

bl	cl	fl	gl	pl
blusa	clarão	florido	glória	pluma
flor	classe	flauta		claro
bloco	globinho	placa		flanela
planta	blusão	glorioso		plantação

10 - Copie a historinha e complete com as palavras:

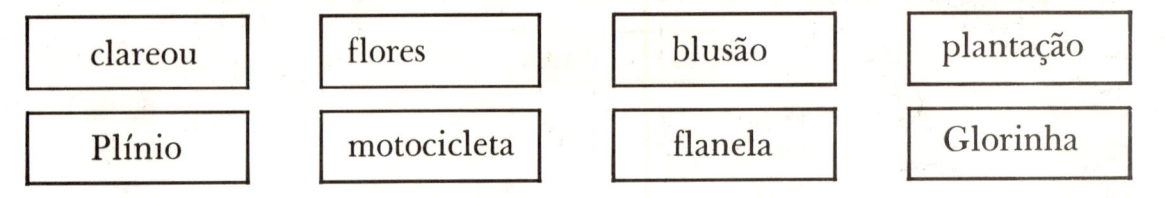

| clareou | flores | blusão | plantação |
| Plínio | motocicleta | flanela | Glorinha |

☆ levantou-se assim que o dia ☆ .
Vestiu o ☆ de ☆ e tomou seu café.
Subiu na ☆ com ☆ na garupa.
Foram ver a ☆ de ☆ no sítio do vovô.

V - REDAÇÃO

1 - Desenhe e escreva nos balões a conversa do fazendeiro e de José.

    — José, as frutas estão doces?
    — Não sei, senhor.

2 - Invente e escreva o bilhete que o fazendeiro mandou ao seu amigo Vicente.

O LOBO QUE VIROU CORDEIRINHO

Certa vez, um lobo feroz atacou uma cidade, devorando pessoas e animais.

Ninguém saía de casa.

Qualquer barulhinho assustava o povo porque o lobo pisava macio.

O caso estava ficando sério.

A fera, manhosa, dormia de dia e caçava à noite.

Não aparecia um homem corajoso que a matasse.

Um frade, chamado Francisco, que gostava de animais, resolveu procurar o lobo.

Foi às montanhas e chamou a fera:

— Venha aqui, irmão lobo. Você é bom e não vai comer mais ninguém.

O lobo obedeceu e, para surpresa de todos, andava no meio das crianças, como um cordeirinho.

I - ESTUDO DO VOCABULÁRIO

1 - Leia estas palavras sinônimas:

corajoso	— valente, destemido
cordeirinho	— filhote de ovelha
devorar	— engolir de uma só vez, comer com rapidez, tragar
frade	— religioso que segue uma ordem; irmão
manhosa	— sabida, arteira, sagaz

2 - Substituir por sinônimos as palavras grifadas nas orações:

O **cordeirinho** fugiu da fera **manhosa**.

Quem é **corajoso** diante de uma fera que **devora** os animais?

São Francisco, aquele **frade corajoso**, era amigo dos animais.

II - ENTENDIMENTO DA LEITURA

1 - Complete de acordo com o texto, em seu caderno:

Um lobo feroz atacou uma ☆.

Qualquer barulhinho assustava o ☆.

Um dia chegou na cidade um ☆.

2 - Quais as personagens da história que você leu?

Para você, qual a personagem principal?

3 - Leia de novo a lição e responda:

a) Por que ninguém saía de casa?

b) Quem encontrou a fera?

c) Por que você acha que o lobo obedeceu ao frade?

4 - São Francisco falou ao lobo:

"Venha aqui, irmão lobo. Você é bom e não vai comer mais ninguém".

Pela primeira vez alguém o chamou de irmão.

É tão bom sentir-se querido como um amigo, como um irmão.

Existem pessoas que nunca ouviram uma palavra de amizade. Outras são bravas, estão sempre reclamando, resmungando e, cada vez mais, vão ficando isoladas. Na verdade, ninguém tentou conversar com elas.

Você conhece alguém assim? Escreva uma mensagem para essa pessoa que precisa ouvir palavras amigas, como a do frade.

III - TREINO ORTOGRÁFICO

1 - Leia a lista de palavras abaixo. Depois copie e separe as sílabas.

| ouro | auto | sumiu | mau | partiu |
| couro | cauda | fugiu | mingau | latiu |

Quando pronunciamos a vogal $\boxed{u}$ os lábios se juntam.

2 - Leia e copie a lista de palavras:

| falta | volta | calma | alface | calça |
| alto | pastel | calda | metal | funil |

Pronuncie comparando:

auto ⟶ alto
cauda ⟶ calda
mau ⟶ mal

Reparou?

A língua sobe para o véu palatino (céu da boca) para pronunciar o $\boxed{l}$ e os lábios se juntam para pronunciar o $\boxed{u}$.

Vamos, volte a pronunciar, com calma, a lista de palavras dos exercícios 1 e 2, percebendo bem quando se usa $\boxed{u}$ ou $\boxed{l}$.

3 - Copie e complete com: $\boxed{\text{mau - má - ou mal}}$. Veja o modelo:

O menino é **mau** e levado.
A lição está ☆ feita.
Esta menina é ☆ e preguiçosa.
O lobo ☆ é perigoso.

IV - ATIVIDADES GRAMATICAIS

1 - Passe as palavras para o aumentativo. Veja o modelo $\boxed{\text{tigre — tigrão}}$

lucro	sopro	vidro
quadro	encontro	alegre
chifre	livro	palavra

2 - **Complete as palavras com dígrafos:**

| ch | nh | lh | rr | ss | qu |

Dona Chi ☐ inha tem uma gali ☐ a.

Ela ☐ ocou doze ovos num ni ☐ o de pa ☐ a.

Nasceram pinti ☐ os pe ☐ enos e amareli ☐ os.

A gali ☐ a pa ☐ a o dia ciscando na te ☐ a.

Os pinti ☐ os comem mi ☐ ocas e bi ☐ inhos.

3 - **Vamos recordar?**

As palavras são formadas de sílabas.

> **A sílaba** é um som ou um grupo de sons pronunciados em uma só emissão de voz.

Veja as palavras:

vez	tem uma sílaba
fe-roz	tem duas sílabas
a-ni-mal	tem três sílabas

4 - **Agora copie e escreva quantas sílabas têm as palavras:**

bom	bom	tem ☆ sílaba.
lobo	lo bo	tem ☆ sílabas.
barulho	ba ru lho	tem ☆ sílabas.
corajoso	co ra jo so	tem ☆ sílabas.

As palavras podem ter: uma, duas, três ou mais sílabas.

Com uma sílaba ela é	monossílaba
Com duas sílabas ela é	dissílaba
Com três sílabas ela é	trissílaba
Com mais de três sílabas ela é	polissílaba

5 - **Leia as palavras e copie:**

| barulhinho | ninguém | montanha | bom |
| animal | não | corajoso | lobo |

Agora, das palavras acima copie:

Duas monossílabas   Duas trissílabas
Duas dissílabas   Duas polissílabas

6 - **Vamos separar os fatos da oração. Veja o modelo:**

O povo se assustava   porque o lobo pisava macio.
   1.º fato   2.º fato

Repare:

Os fatos da oração estão ligados pela palavra **porque**

Agora você. Copie e separe os fatos das orações:

A fera dormia de dia porque caçava à noite.

Ninguém saía de casa porque tinha medo.

7 - **Com as letras do círculo forme palavras em seu caderno:**

Eu comecei:

mano
mania

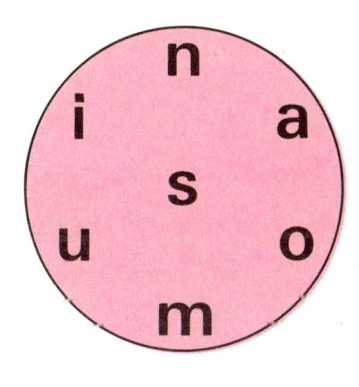

Letras no círculo: n, a, o, m, u, s, i

V - REDAÇÃO

Foi Carlos quem teve a idéia de ir ver aquela casa que dizem ser assombrada.
Convidou seu amigo Pedroca.
Lá morava "Seu" João, pobre homem que não tinha ninguém para conversar.
A casa estava tão velha quanto seu morador.
Quando chegaram diante da porta...   Continue a história.

CANÇÃO DO EXÍLIO

Gonçalves Dias

Minha terra tem palmeiras,
Onde canta o sabiá;
As aves que aqui gorjeiam
Não gorjeiam como lá.

Nosso céu tem mais estrelas,
Nossas várzeas têm mais flores,
Nossos bosques têm mais vida,
Nossa vida mais amores.

Em cismar, sozinho, à noite,
Mais prazer encontro eu lá;
Minha terra tem palmeiras,
Onde canta o sabiá.

Minha terra tem primores,
Que tais não encontro eu cá;
Em cismar, sozinho, à noite,
Mais prazer encontro eu lá;
Minha terra tem palmeiras,
Onde canta o sabiá.

Não permita Deus que eu morra,
Sem que eu volte para lá;
Sem que desfrute os primores
Que não encontro por cá;
Sem que inda aviste as palmeiras
Onde canta o sabiá.

I - ESTUDO DO VOCABULÁRIO

1 - Vamos trabalhar com os sinônimos?

bosque	— floresta, mata
canção	— canto, cantiga
cismar	— pensar com insistência
desfrutar	— gozar, se deliciar com
exílio	— desterro, degredo, lugar para onde vai quem saiu da Pátria forçado ou não.
gorjeiam	— cantam, trinam
inda	— ainda
permita	— consinta, queira
primores	— belezas, encantos
várzea	— baixada, vale

2 - Copie e substitua as palavras em negrito pelos sinônimos:

Gonçalves Dias estava no **exílio**.

Ele fez uma canção falando dos **primores** do Brasil.

Cismava desfrutar os encantos das **várzeas** e das matas.

Desejava ouvir os sabiás que **gorjeiam** nos **bosques**.

Não queria morrer sem que **inda** visse, mais uma vez, as palmeiras de sua Terra.

3 - Leia:

A "Canção do Exílio" é um dos poemas mais famosos de Gonçalves Dias.

O autor, estando no **exílio**, lembra a terra em que nascera.

É uma cantiga de saudades, pois Gonçalves Dias estudava na Europa quando a escreveu.

— Você já sentiu saudades de algum lugar ou de alguém?

Conte como foi, no seu caderno.

II - ENTENDIMENTO DA LEITURA

1 - Responda:

a) Quem escreveu a poesia "Canção do Exílio"?

b) Onde estava o poeta?

c) De que terra tinha saudades?

d) Que pedia ele a Deus?

2 - Copie a quadrinha que fala do céu, das várzeas e dos bosques.

3 - Dê respostas curtas em seu caderno para estas questões:

    a) Onde canta o sabiá?
    b) Como as aves daqui gorjeiam?
    c) Que tem o nosso céu?
    d) Que têm as nossas várzeas?
    e) Que têm os nosssos bosques?
    f) Que tem a nossa vida?
    g) Que o poeta ainda quer ver?

4 - Desenhe em seu caderno: "Minha terra tem palmeiras onde canta o sabiá".

5 - Procure em jornais e revistas gravuras mostrando alguma coisa que existe em sua terra. Cole em seu caderno. Faça uma pequena explicação debaixo da gravura colada.

III - TREINO ORTOGRÁFICO

1 - Leia e copie os vocábulos abaixo. Destaque à frente os encontros de consoantes.

Veja o modelo:

| braço — br |

prazer   **pr**imores   es**tr**elas
des**fr**ute   **fl**ores   enco**ntr**o

2 - Observe o modelo e continue a separar e a juntar as sílabas.

| descida   des-ci-da   descida |

nascer   descer   piscina   adolescente
renascer   nascimento   crescente   disciplina

3 - Copie e troque os quadrinhos por sc :

de ☐ eu   cre ☐ cer   na ☐ eu
cre ☐ ente   flore ☐ eu   na ☐ ente

IV — ATIVIDADES GRAMATICAIS

1 - Procure na lição as palavras que rimam e copie no lugar da ☆.

   Cá rima com ☆.
   Flores rima com ☆.

2 - Observe as palavras:

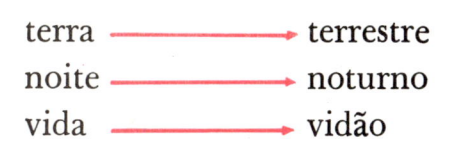

   terra ⟶ terrestre
   noite ⟶ noturno
   vida ⟶ vidão

   > As palavras que se formam de outras chamam-se **derivadas**.

   Terrestre, **noturno** e **vidão** são palavras **derivadas**.

   Escreva palavras derivadas dos substantivos abaixo:

   pedra   livro   vidro   carta   mapa   copo

3 - Copie as palavras da primeira coluna, formando par com as suas derivadas da segunda coluna. Veja o modelo:

   bola — bolada

   encontro   florido
   estrela   encontrão
   flor   terreiro
   terra   estrelado

   > As palavras que dão origem a outras chamam-se **primitivas**.

   Bola, encontro, estrela, flor e **terra** são palavras **primitivas**.

4 - Escreva palavras primitivas dos substantivos abaixo:

   roupeiro   gemada   pedrada   cabeleireira   jornaleiro
   ferreiro   dezena   carroça   dentista   palmeiral

5 - Copie e responda as perguntas escrevendo uma palavra. Olhe o modelo:

   Você cismou?   Eu cismei.
   Você cantou?   Eu ☆.
   Você encontrou?   Eu ☆.
   Você voltou?   Eu ☆.
   Você avistou?   Eu ☆.
   Você gostou?   Eu ☆.

6 - Copie e continue a atividade. Veja o modelo:

    Ele **canta**.   Ele volta.   Ele gosta.   Ele cisma.
    Vocês **cantam**.   Vocês ☆ .   Vocês ☆ .   Vocês ☆ .

7 - Assinale os nomes coletivos, depois de copiá-los no caderno:

    arvoredo   boiada   casa   carro   esquadra
    penca   livro   bando   olhos   quadrilha

8 - Copie e escreva nos espaços o diminutivo dos substantivos entre parênteses.

    Acrescente ⬜ zinho ⬜ ou ⬜ zinha ⬜ . Veja o modelo.

    Meu **irmãozinho** ganhou um **calçãozinho** azul.   (irmão — calção)
    Sua ☆ estava na ☆ .   (mãe — estação)
    ☆ fez um ☆ .   (João — balão)
    A ☆ machucou a ☆ na porta.   (alemã — mão)

9 - Descubra as palavras que estão dentro dos quadros e escreva-as em seu caderno.

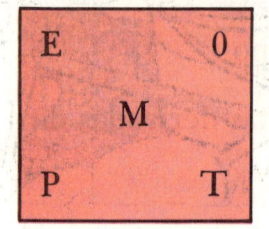

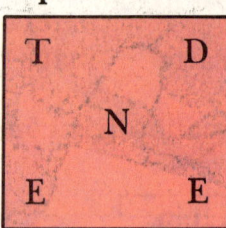

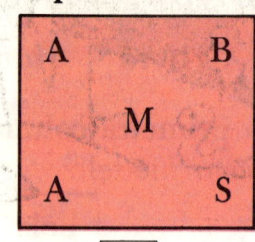

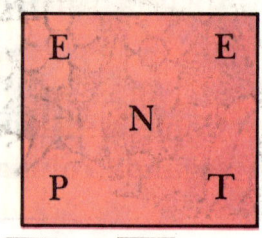

E O	T D	A B	E E
M	N	M	N
P T	E E	A S	P T

10 - Copie as orações e circule as palavras que têm ⬜m⬜ antes de ⬜p⬜ e ⬜b⬜ :

    a) Os empregados empurraram o barco.
    b) João embarcou ontem para Pernambuco.
    c) Humberto sempre come bombons.
    d) Os retirantes saíram do campo anteontem.
    e) Você foi embora, mas eu fiquei encantado com sua visita.

V - REDAÇÃO

Pense e escreva uma história sobre as gravuras.

O ANÃOZINHO JARDINEIRO

Um anãozinho jardineiro saiu de sua morada no tronco de uma árvore e perguntou:

— Onde estão os passarinhos e os animais?

Por que razão o céu está nublado?

Um vento frio agitou os ramos e os cabelos do anão.

A mamãe-esquilo espiou do vão de uma árvore e respondeu:

— Chegou o Inverno, amigo. Já estou abrigada com meus filhotes.

Então o anão recolheu-se à sua morada.

Quando os folhas ficaram verdes e as flores desabrocharam, ele voltou para ver de novo os pássaros cantando nos galhos.

Começara a Primavera.

Certa manhã, o Sol aqueceu a Terra. Fazia muito calor. O Verão chegara.

— Que bom! disse o anãozinho. Vou cavar o chão e plantar minhas sementes.

Um dia, as árvores se encheram de folhas, flores e frutas. Tudo ficou uma beleza!

E o anãozinho jardineiro recebeu o prêmio de seu trabalho.

O Outono chegara. Era tempo de colheita.

I - ESTUDO DO VOCABULÁRIO

1 - Leia e copie as palavras que têm o mesmo significado:

abrigada	— agasalhada, resguardada
agitou	— movimentou, oscilou
aqueceu	— esquentou
desabrocharam	— abriram
esquilo	— pequeno mamífero, caxinguelê
morada	— casa, habitação
nublado	— coberto de nuvens
vão	— fresta, vácuo, abertura

2 - Substitua as palavras grifadas, copiando as orações:

O céu estava **nublado**.

O pequeno **esquilo** se **agitou** na sua **morada**, ali no **vão** estreito do grande jequitibá.

O anãozinho, **abrigado** e **aquecido**, esperava ansioso o **desabrochar** das flores da Primavera.

3 - Copie as orações e substitua a ☆ por palavras que você vai inventar.

a) Humberto agitou ☆ .
b) O caracol abrigou ☆ .
c) Fernanda aquece ☆ .
d) As flores desabrocharam ☆ .
e) O céu estava ☆ .
f) Naquele vão há um ☆ .

II - ENTENDIMENTO DA LEITURA

1 - Numere as orações pela ordem em que aparecem na lição.

O Outono chegara.

Um anãozinho jardineiro apareceu na floresta.

Um vento frio agitou os ramos e os cabelos do anão.

Começara a Primavera.

Certa manhã, o Sol aqueceu toda a Terra.

2 - Dê respostas completas às questões:

   a) Qual foi a pergunta que o anãozinho fez ao sair de sua morada?
   b) Quem respondeu a pergunta feita pelo anão?
   c) Como estava o tempo, com a chegada do Inverno?
   d) Como ficou o tempo, com a chegada da Primavera?
   e) Qual é o trabalho do anão jardineiro no Verão?
   f) Que acontece no Outono?

III — TREINO ORTOGRÁFICO

1 - Forme o plural juntando s . Veja o modelo:

   lã — lãs   maçã   irmã   espiã   anã
   rã   hortelã   alemã   manhã   fã

2 - Não vá errar. Agora é só acrescentar o s para formar o plural. Veja:

   irmãos   vão   chão   cristão   cidadão
   grão   órfão   órgão   mão   bênção

3 - Agora faça estes plurais trocando o final ão por ães :

   alemão   cão   escrivão   pão   tabelião   capitão

4 - Copie as orações e passe para o plural. Veja o modelo:

   A **anã** arranhou a **mão**.   A **órfã** é **alemã**.
   As **anãs** arranharam as **mãos**.   As ☆ .

   O **capitão** treinou o **cão**.   Meu **irmão** foi buscar **pão**.
   Os ☆ .   Meus ☆ .

IV - ATIVIDADES GRAMATICAIS

1 - Nas palavras há sílabas que se pronunciam com mais força:

   anão   galho   óculos
    não   ga   ó

   As sílabas mais fortes de uma palavra chamam-se **sílabas tônicas**

2 - Veja onde estão as sílabas tônicas destas palavras:

anão	— A sílaba tônica é a última.
galho	— A sílaba tônica é a penúltima.
óculos	— A sílaba tônica é a antepenúltima.

A palavra pode ser:

OXÍTONA	— quando a sílaba tônica é a **última**.
PAROXÍTONA	— quando a sílaba tônica é a **penúltima**.
PROPAROXÍTONA	— quando a sílaba tônica é a **antepenúltima**.

3 - Divida as palavras em sílabas e circule a sílaba tônica.

Veja o modelo:

bola   bo la

café   boneca   médico

menino   máquina   caqui

4 - Copie, separe as sílabas e circule as tônicas. Classifique certo. Veja o modelo:

oxítonas   paroxítonas   proparoxítonas

ma nhã   a mi go   rá pi do

Agora você:

fubá   lâmpada   filhote

tempo   nariz   pássaro

árvore   cabelos   calor

5 - Copie palavras da lição:

    duas monossílabas

    duas dissílabas

    duas trissílabas

    duas polissílabas

V - REDAÇÃO

1 - Leia:

a) O menino disse:

— Vou-me embora. Ninguém fala comigo!

O menino falou sozinho. Isso é um **monólogo**.

Monólogo é a fala de uma só pessoa.

b) Dois meninos conversavam.

Um perguntou:
— Você vai jogar hoje?

O outro respondeu:
— Não. Eu só jogo no domingo.

São duas pessoas conversando. Isso é um **diálogo**.

Diálogo é a fala entre duas ou mais pessoas.

2 - Escreva uma história em que haja diálogo entre a raposa e o corvo.

O CURUMIM MEDROSO

(Contado por uma índia)

Numa tribo selvagem vivia Ijuê.
Era pequenino e tinha medo de tudo:

do girassol que nasce no campo;
da palma do coqueiro agitada pelo vento;
do barulho da chuva na folhagem;
da jibóia que gosta de tomar Sol;
do gigante Macaê, que faz o vento soprar forte.

Ijuê era inteligente e tinha bom gênio.
Colhia jenipapo para os curumins.
Ia longe buscar tinta para tingir a cara das indiazinhas.
Ajeitava um arco com muita agilidade.
Sabia onde a abelha guardava o mel.
Tecia balaio e fazia jirau para dormir.

Um dia o pajé disse:
— Seu pai é valente guerreiro!
Filho de guerreiro, também é valente.
Não tenha mais medo, curumim.
O indiozinho imaginou:
— Meu pai é forte. Também sou forte.
Desde esse dia Ijuê perdeu o medo.

I - ESTUDO DO VOCABULÁRIO

1 - Leia e copie as palavras sinônimas:

agilidade	— ligeireza, desembaraço
balaio	— cesto de palha
girassol	— flor amarela que se volta para o Sol
inteligente	— esperto, que percebe tudo
jenipapo	— fruto do jenipapeiro, cujo suco serve para pintar o corpo dos índios e para fazer licor
jibóia	— cobra grande
jirau	— estrado de varas para dormir ou guardar panelas
pajé	— curandeiro, chefe religioso dos índios
palma de coqueiro	— folha do coqueiro
selvagem	— bravo, habitante das matas e das florestas

2 - Copie e substitua as palavras grifadas pelos sinônimos:

Ijuê era **inteligente** e tinha muita **agilidade**.

Sabia fazer **jirau**, tecer **balaio**, colher **jenipapo**.

Mas, tinha medo de **jibóia,** do barulho da **palma do coqueiro**, do **girassol** e dos animais **selvagens**.

Um dia o **pajé** lhe disse:

— Seu pai é valente guerreiro! Filho de guerreiro é valente.

II - ENTENDIMENTO DA LEITURA

1 - Copie os fatos da lição pela ordem em que aconteceram:

Ijuê era inteligente e tinha bom gênio.

Desde esse dia Ijuê perdeu o medo.

— Seu pai é valente guerreiro!

Numa tribo selvagem vivia Ijuê.

Era pequenino e tinha medo de tudo.

2 - **Responda:**

Onde vivia Ijuê?

Como era o pequeno índio?

Ele se preocupava com os outros curumins. Como a lição explica isso?

Que ele fazia com agilidade?

Que mais sabia fazer?

E você, tem medo de alguma coisa?

Acha que o pajé tem razão?

III - TREINO ORTOGRÁFICO

1 - **Copie em seu caderno e passe um traço debaixo das palavras da lição.**

gente	girassol	jibóia
inteligente	gigante	pajé
gênio	agitada	ajeitar
longe	tingir	jenipapo
folhagem	imaginou	jirau
selvagem	agilidade	Ijuê

2 - **Escreva três orações usando as palavras:**

    a) girassol — folhagem — longe

    b) gigante — jibóia — pajé

    c) viagem — gente — jipe

IV - ATIVIDADES GRAMATICAIS

1 - **Escreva no singular:**

    a) Os índios eram inteligentes.

    b) Eles sabiam onde as abelhas guardavam o mel.

    c) Os indiozinhos tinham medo de jibóias.

2 - **Vamos recordar. Copie e separe os fatos das orações:**

    a) Ijuê era esperto e tinha bom gênio.

    b) Ijuê ia buscar tinta para tingir a cara.

    c) Ijuê tinha medo porque era pequenino.

    d) Ijuê perdeu o medo quando o pajé falou com ele.

3 - Conheça algumas palavras que estão **no singular**, mas **indicam** coleção **ou** conjunto de pessoas, animais ou coisas:

	cardume (de peixes)		**penca** (de bananas)
	ramalhete (de flores)		**biblioteca** (de livros)
	esquadrilha (de aviões)		**esquadra** (de navios)
	matilha (de cães)		**rebanho** (de carneiros)

> As palavras que indicam **coleção** ou **conjunto** chamam-se:
> **coletivos**

4 - **Copie e continue no caderno substituindo** a ☆ . Veja o modelo:

O coletivo de pássaro é **passarada.**

O coletivo de boi é ☆ .

O coletivo de árvore é ☆ .

O coletivo de abelha é ☆ .

5 - Desenhe um índio, em seu caderno.

Escreva duas orações **declarativas** sobre ele:

| Uma afirmativa | Uma negativa |

6 - **Copie substituindo a ☆ pela palavra certa.** Veja o modelo:

Ele **é** um pingo de gente.
Eu **sou** um pingo de gente.
Eles **são** um pingo de gente.
Nós **somos** um pingo de gente.

Eu **tenho** uma flecha.
Ele **tem** uma flecha.
Eles **têm** uma flecha.
Nós **temos** uma flecha.

Ele **é** forte e corajoso.
Eu ☆ forte e corajoso.
Eles ☆ fortes e corajosos.
Nós ☆ fortes e corajosos.

Ele ☆ uma canoa.
Eu ☆ uma canoa.
Eles ☆ uma canoa.
Nós ☆ uma canoa.

7 - Descubra palavras derivadas e forme famílias de palavras com:

folha
vento
barulho

cara
coco
chuva

V - REDAÇÃO

1 - Alguma vez você teve medo?

Conte como foi:

- onde você estava;
- que viu ou encontrou;
- que aconteceu;
- como terminou.

2 - Escreva uma historinha sobre o que representam as figuras:

AUTOBIOGRAFIA

Eu dormia em profunda paz debaixo da terra. Estava oculta no coração de uma sementinha.

Gostava de ficar ali, quieta no meu refúgio úmido e aquecido.

Mas, aos poucos, ia sofrendo modificações, criando pequenas raízes.

Quanto tempo se passou não sei.

Um dia ouvi vozes:

— Acorda! disse o Sol.

— Acorda! falou a chuva.

Pus meu vestido verde e estirei o corpo para cima. Senti-me estonteada ao ver tanta luz ao meu redor.

Espreguicei-me, estendi os bracinhos e duas folhas pequeninas despontaram.

Eu nascera e era uma plantinha-bebê.

I - ESTUDO DO VOCABULÁRIO

1 - Copie estas palavras e os sinônimos, para entender melhor o texto.

> **autobiografia** — vida de um indivíduo, escrita por ele mesmo
> **despontaram** — nasceram, começaram a aparecer
> **estirei** — estendi, estiquei
> **oculta** — escondida
> **profunda paz** — grande calma, sossegadamente
> **quieta** — tranqüila, não se mexendo, sossegada
> **refúgio** — abrigo, esconderijo
> **úmido** — levemente molhado

2 - Substitua as palavras grifadas pelos sinônimos:

Oculta sob as ramagens da palmeira dormia **quieta** a lagarta verde depois de comer todas as folhas da amoreira.

Passado um tempo de **profunda paz, estirou** o corpo e sentiu que o lugar onde se **refugiava** estava **úmido**.

Tentou estender suas perninhas e...

Que susto! **Despontaram**-lhe duas lindas asas azuis.

A lagarta se transformara em uma borboleta.

3 - Observe os diversos animais que aparecem na ilustração.

Relacione todos e conte o que estão fazendo.

II - ENTENDIMENTO DA LEITURA

1 - Responda:

Quem é a personagem da lição?
Onde estava ela antes de nascer?
De que forma o Sol se comunicou com ela?
E a chuva?
Que vestido verde a plantinha vestiu?
Que braços a plantinha esticou para cima?
Que história a plantinha está contando?

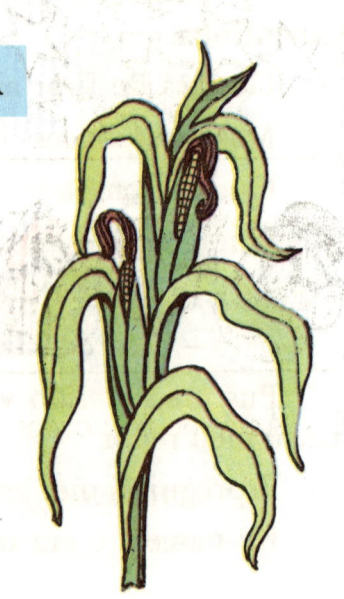

2 - Copie e complete as orações no seu caderno, de acordo com o texto:

a) Gostava de ficar ali, ☆ no meu refúgio úmido e ☆ .

b) — Acorda! disse o ☆ .

c) Pus meu ☆ e estirei o corpo ☆ .

d) Espreguicei-me, estendi os ☆ e duas folhas ☆ despontaram.

III - TREINO ORTOGRÁFICO

1 - Copie e assinale só as palavras que fazem parte do texto:

quanto	queria	quieta
quarto	aquecido	mosquito
qualidade	pequenas	periquito
quadrada	quente	esquina

2 - Faça orações com as expressões:

a) mesa quadrada
b) quarto e mosquito
c) cachorro-quente
d) periquito verde

IV - ATIVIDADES GRAMATICAIS

1 - Quer conhecer mais alguns coletivos?

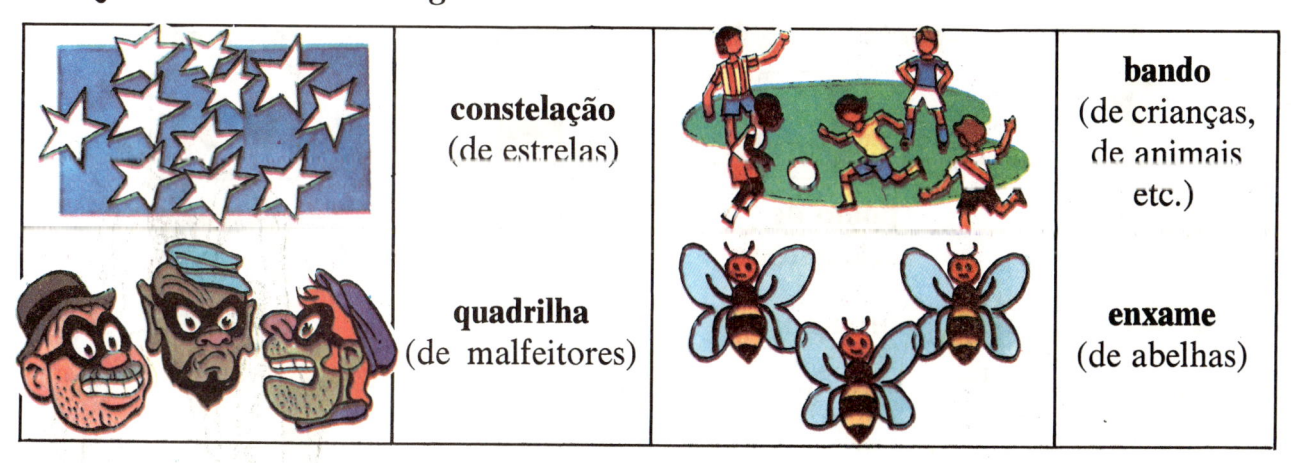

constelação (de estrelas)

quadrilha (de malfeitores)

bando (de crianças, de animais etc.)

enxame (de abelhas)

2 - Assinale os nomes coletivos, depois de copiá-los no caderno:

| arvoredo | boiada | casa | carro | esquadra |
| penca | livro | bando | olhos | quadrilha |

3 - Copie e complete as orações no seu caderno:

> Um bebê pode **mamar.**
> Um pombo pode ☆ .
> Um homem pode ☆ .
> Um menino pode ☆ .

4 - **Vamos aumentar tudo.** Veja o modelo.

> Um **jornal grande** é um **jornalão.**
> Um **animal grande** é um ☆ .
> Um **anel grande** é um ☆ .

5 - Leia e observe os sinais de pontuação.

Diálogo da sementinha com o Sol e a chuva

Um dia a sementinha ouviu vozes:
— Acorda ! disse o Sol.
— Por que me acordou ? Eu estava dormindo sossegada.
— Acorda ! falou a chuva.
— Já estou acordada e toda molhada.
Vou pôr meu vestido verde, estender os bracinhos e ver o mundo.

Os sinais de pontuação são os seguintes:

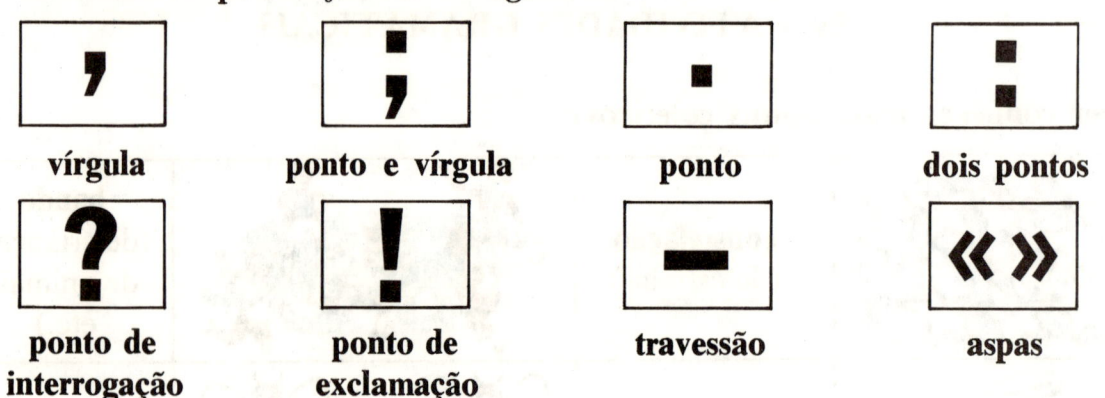

,	**;**	**.**	**:**
vírgula	**ponto e vírgula**	**ponto**	**dois pontos**
?	**!**	**—**	**« »**
ponto de interrogação	**ponto de exclamação**	**travessão**	**aspas**

6 - Agora você, coloque a pontuação:

> A plantinha olhou ao redor viu um bichinho e perguntou
> Quem é você
> Sou a formiga   Estou procurando grãos e folhas
> Para quê
> Para levar ao formigueiro   Posso tirar uma de suas folhas
> Que horror   Só tenho duas   São meus bracinhos e sou tão pequenina

7 - **Separe as sílabas das palavras e escreva os encontros de vogais adiante.** Veja:

> papai — pa-pai — ai

pouco
beijo
noite

caixa
muito
pão

Repare que, os **encontros de vogais** pertencem à mesma sílaba.

8 - **Observe:**

As bolas são iguais.

Na palavra i**guais** o encontro de vogais é formado de três vogais na mesma sílaba: i - **guais**.

Assinale a palavra que têm três vogais na mesma sílaba:

goiaba   raízes   debaixo   quais

V - REDAÇÃO

1 - **Desenhe a semente despertando. Faça um balão e escreva o que ela está dizendo em monólogo.**

2 - **Invente diálogos em balões:**
- da plantinha com o Sol;
- da plantinha com a chuva;
- entre a sementinha e as formigas.

3 - **Assim como a sementinha fez, escreva a sua autobiografia** (sua história)
- quando e onde você nasceu;
- quem são seus pais e irmãos, se tiver;
- onde e com quem mora;
- os fatos que aconteceram e os que estão acontecendo com você;
- suas amizades e atividades até hoje.

Faça também um desenho e escreva logo abaixo:

> ESTE SOU EU

CRESCI E VOU SER MAMÃE

Como os bebês, não podia alimentar-me sozinha.

Minhas raízes ainda eram muito fraquinhas para sugar a água e o sustento da terra.

Mas, a Natureza é sábia e a própria semente, como uma mamadeira, me alimentava.

Nos dias seguintes fui me firmando na terra e então tornei-me independente. Eu mesma ia buscar o alimento que iria se transformar em seiva, o sangue vegetal.

Rapidamente meu caule esguio foi-se erguendo e longas folhas verdes me vestiram.

Bem na minha cabeça um pendão de flores despontou.

Senti-me orgulhosa com a bela cabeleira que apareceu mais abaixo e esvoaçava ao vento.

Uma espiga, que guardava ovinhos dourados, amadurecia ao Sol.

Eu ia ser mamãe porque, dos grãozinhos, nasceriam novas plantinhas.

Você já descobriu quem sou eu?

1 - ESTUDO DO VOCABULÁRIO

1 - Vamos estudar estas palavras:

caule	— haste, tronco
esguio	— alto e fino
esvoaçava	— agitava, flutuava ao vento
independente	— livre, que não depende de outro
pendão	— bandeira
seiva	— líquido nutritivo que circula em toda a planta
sugar	— chupar, extrair
sustento	— alimento, alimentação
transformar	— mudar

2 - Substitua as palavras grifadas por outras com o mesmo significado:

O **pendão** brasileiro **esvoaçava** ao vento.
O pulgão **sugou** seiva daquele **caule esguio**, para o seu **sustento**.
A plantinha se **transformou** numa bela árvore.
Moro sozinha porque gosto de ser **independente**.

II - ENTENDIMENTO DA LEITURA

1 - Copie as orações. Desenhe e pinte um círculo antes da resposta certa:

Eu era uma plantinha-bebê.

Na minha cabeça apareceram espinhos pontudos.

A semente era a mamadeira que me alimentava.

Dos ovinhos iam nascer pintinhos.

2 - Responda:

a) Por que a plantinha não podia alimentar-se sozinha?

b) Qual era a mamadeira da plantinha?

c) Como se chama o alimento da planta?

d) Onde despontou um pendão de flores?

e) Por que a plantinha se sentiu orgulhosa?

f) Que amadurecia ao Sol?

g) Por que a plantinha ia se tornar mamãe?

3 - Você também já foi bebê e não podia alimentar-se por si só. Que tipo de alimento tinha como sustento?

4 - Recorte gravuras em jornais ou revistas: um bebê, uma criança, um jovem, uma pessoa idosa e cole no seu caderno.
Comece da mais nova à mais velha.

III - TREINO ORTOGRÁFICO

1 - Leia e copie as palavras do texto:

    água   erguendo   esguio
    guardava   sangue   seguintes

2 - Leia e copie em colunas separadas as palavras com:

que - qui   e   gue - gui

Cuidado! Não faça confusão.

    formigueiro   queimado   foguete   esquina
    mosquito   esguicho   coquinho   coleguinha

3 - Forme orações com as expressões:

    água filtrada   dia seguinte   braços erguidos

IV - ATIVIDADES GRAMATICAIS

1 - **Leia:**

    O gato de Mário pegou **um** rato.
    A mãe de Mário comprou **uma** ratoeira.

Veja:

    O gato nós sabemos que **é de Mário**.
    A mãe nós sabemos que **é a mãe de Mário**.
    Nós sabemos **quem é o gato** e de **quem é a mãe**.

> Antes de nomes de pessoas ou seres que conhecemos, usamos **o a os as**

2 - **Leia agora:**

    Um rato que o gato pegou é um rato qualquer.
    Não sabemos que rato é.

    Uma ratoeira que a mãe comprou é uma ratoeira qualquer.
    Não sabemos que ratoeira é.

> Antes de nomes de pessoas ou seres que não conhecemos, usamos: **um uma uns umas**

    o — a — os — as   **são artigos definidos**
    um — uma — uns — umas   **são artigos indefinidos**

3 · Copie e complete com os artigos | o — a — os — as |

☆ casa ☆ sapatos ☆ manhã ☆ cães
☆ flores ☆ irmão ☆ petecas ☆ bolo

4 · Escreva o nome das figuras e os artigos um — uma — uns — umas

Veja o modelo:

umas meias

☆

☆

☆

5 · Copie as orações escrevendo | o **ou** um | a **ou** uma |

☆ passarinho que ganhei é amarelo.
☆ sabiá pousou na laranjeira.
Ganhei ☆ cesta de morangos.
☆ rosa que colhi é vermelha.

6 · Complete com | o a os as | ou | uma uma uns umas |

☆ passarinho comia ☆ grãos de arroz.
☆ gato de Mário viu ☆ avezinha.
Deu ☆ corrida atrás dela, mas caiu em cima de ☆ pedras e machucou ☆ patas.

V · REDAÇÃO

Faça o anúncio de um preparado que você inventou. Não esqueça de dizer o nome e para que serve. Veja o modelo:

ADUBO TERRA BOA
Faz qualquer terra produzir com fartura.
Compre-o na
Rua do Bosque, nº 166.

HISTÓRIA DE UMA PAMONHA

Ofélia e Narbal Fontes

Era um ovinho dourado,
Que um dia foi enterrado.
Na terra, ele inchou, inchou,
E em dez dias rebentou.
Não pensem que ele morreu;
Sua casquinha rompeu,
Mas, em vez de um pintainho
Surgiu um broto verdinho.
O broto tanto espichou
Que em planta se transformou
Com folhas muito alongadas
E cortantes como espadas;
E tinha, p'ra se agüentar,
Raiz no chão e no ar.
Depois que a chuva caiu,
Um pendão de flor abriu.

E, um pouquinho mais abaixo,
Uma boneca de cacho...
Uma boneca engraçada,
Cabeludinha e barbada.
Mas, assim que ela cresceu,
Chegou alguém e a colheu,
Despiu toda a pobrezinha
E ralou-a na cozinha,
E o sangue dourado dela
Pôs, com água, na panela.
Mexeu com colher-de-pau
E transformou-a em mingau.
Pôs-lhe açúcar, temperou
E no fogo a cozinhou.
E, por fim, deu-lhe mortalha
No vestidinho de palha.
A boneca transformou-se
No mais delicioso doce.
Mas agora tem vergonha
De ser chamada pamonha.

I - ESTUDO DO VOCABULÁRIO

1 - **Vamos estudar estas palavras?**

alongadas	—	compridas
despiu	—	tirou as vestes; na poesia os autores se referem às palhas que envolvem a espiga
mortalha	—	roupa que veste o cadáver; os autores se referem à palha que envolve a pamonha
pamonha	—	angu de milho verde, leite, canela, com ou sem açúcar e cozido na palha do milho

2 - **Copie substituindo as palavras em negrito pelos sinônimos:**

Papai trouxe espigas amarelas e **alongadas**.

Mamãe **despiu** as espigas e ralou.

Temperou o doce e disse:

— Agora vou dar ao doce uma **mortalha**.

Colocou-o dentro da palha verde e cozinhou.

Estavam prontas as **pamonhas**.

3 - **Forme orações interrogativas e exclamativas com as palavras estudadas acima.**

II - ENTENDIMENTO DA LEITURA

1 - **Leia a poesia e responda em seu caderno:**

a) Que ovinho foi enterrado?
b) Quantos dias levou para rebentar?
c) Em que planta se transformou o ovinho?
d) De que o doce de milho tinha vergonha?
e) Você já comeu pamonha?
f) Conte como se faz.

2 - **Escreva o nome dos autores da poesia.**

3 - **Desenhe em seu caderno uma espiga de milho-verde.**

Faça ela dizer no balão em que vai se transformar.

III - TREINO ORTOGRÁFICO

1 - **Copie as palavras e separe as sílabas.** Veja o modelo **massa — mas-sa** :

    passa   passarinho   manso   conversa
    passeio   assim   inseto   pensem

2 - **Copie as orações e substitua a ☆ por uma das palavras:**

> passarinho — assobiou — tosse — vassoura — osso

    Marcos ☆ e seu cão veio correndo.
    O cão gosta de roer ☆ .
    Que ☆ cantador!
    A mãe de Moema está com ☆ .
    Peguei a ☆ e varri a sala.

3 - **Forme orações com os conjuntos de palavras:**

    esse e assobio   pássaro e assustado
    passeio e pessoa   passar e vassoura

IV - ATIVIDADES GRAMATICAIS

1 - **Observe o quadro:**

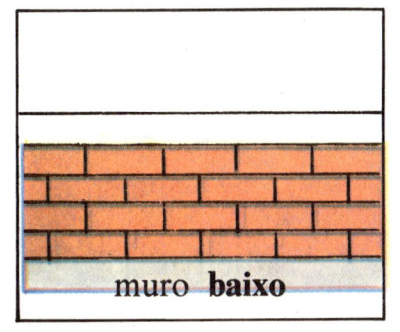

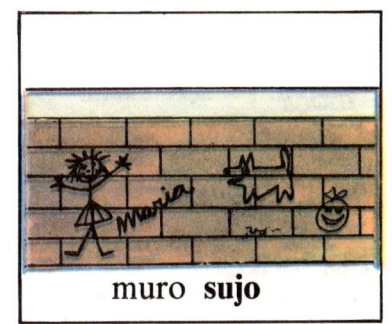

| muro **alto** | muro **baixo** | muro **sujo** |

As palavras **alto, baixo, sujo** são qualidades do muro.

> A palavra que indica a qualidade dos nomes chama-se:
> **adjetivo**

Agora você. Escreva qualidade para um gato, no seu caderno

gato ☆   gato ☆   gato ☆ .

2 - **Em seu caderno escreva qualidades (adjetivos) para os substantivos abaixo.**

Veja o modelo:

casa — confortável, antiga

cachorro   água
menino   comida
livro   café

3 - **Copie os substantivos da 1.ª coluna e combine com os adjetivos da 2.ª coluna:**

inseto   barato
barba   saborosa
sapato   afiada
comida   gelada
água   nocivo
faca   comprida

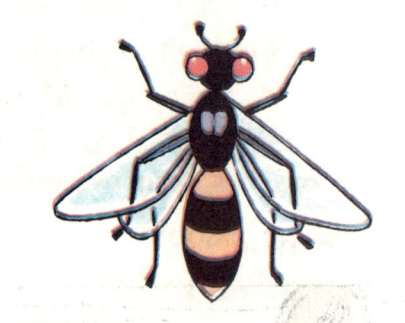

4 - **Copie fazendo concordar os:**

substantivos	e os	adjetivos
rapaz		trabalhadeira
moça		trabalhadeiras
rapazes		trabalhador
moças		trabalhadores

substantivos	adjetivos
cabelo	arrebitado
nariz	fina
dente	preto
cintura	pequena
boca	cariado

substantivos	adjetivos
céu	humilde
manhã	enluarada
menino	deserta
noite	nublado
rua	briguento
barraco	ensolarada

5 - **Pense e escreva cinco coisas que se fazem com o milho.**
Copie e continue a ficha em seu caderno.

> Com o milho se faz:
> ☆
> ☆
> ☆
> ☆
> ☆

6 - **Leia e continue:**

> o pianista — a pianista
> o personagem — a personagem
> o dentista — a ☆
> o artista — a ☆

V - REDAÇÃO

1 - **Veja o aviso:**

BANHO PROIBIDO

ÁGUAS CONTAMINADAS

Olhe no desenho e invente um aviso.

2 - **Quem sou eu?**

> Meu corpo é todo amarelo   Quando verde, sou comido
> A palha é meu vestido.   Mas precisa ser cozido.
>
> Eu sou ☆ .

3 - **Continue a história.**

Após o jantar simples, a família se reuniu em volta do fogo que soltava fagulhas, no meio da cozinha de terra batida.

O chefe comentava:

— A colheita de milho vai ser boa...

— Também depois de tanto trabalho, falou o filho mais velho...

18

DIÁLOGO

Duas crianças discutiam animadamente.
A de blusa azul perguntou:
— Glorinha, você sabe que é inseto?
A outra respondeu:
— Claro! Quem não sabe? É um bichinho.
— Minhoca é um bichinho, mas não é inseto.
— Então é um animalzinho que voa.
— Beija-flor voa e não é inseto.
— Você quer aprender? A explicação não é simples. Mas, decorre estas quadrinhas e não esquecerá mais.

Escute:

Não sabe que é inseto?
Seu corpo três partes tem:
cabeça, tórax, abdômen
e seis perninhas também.

Insetos por toda parte
existem em quantidade.
Muitos deles são nocivos,
outros têm utilidade.

I - ESTUDO DO VOCABULÁRIO

1 - **Palavras sinônimas:**

> **abdômen** — barriga, pança
> **tórax** — peito
> **beija-flor** — colibri
> **nocivos** — maus
> **utilidade** — aproveitamento, útil

2 - **Vamos olhar o desenho de um inseto: a formiga.** Escreva as três partes importantes do seu corpo:

3 - Existem insetos **nocivos** e **úteis**. Escreva o nome desses insetos em seu caderno. Depois assinale de vermelho os nocivos e de azul o inseto que é útil ao homem.

abelha	mosquito	mosca	cupim	formiga
besouro	piolho	gafanhoto	pulga	barata

4 - **Substitua as palavras grifadas por seus significados na oração:**

O corpo do inseto divide-se em: **cabeça, tórax** e **abdômen**.
Há mais insetos **nocivos** que de **utilidade**.
O **beija-flor** se alimenta do **néctar** das flores.

5 - Em seu caderno forme orações com as palavras:

tórax   abdômen

II - ENTENDIMENTO DA LEITURA

1 - **Responda:**

Qual o assunto discutido pelas duas crianças?
Glorinha sabe que é inseto?
Minhoca é inseto? Por quê?
Que é inseto?

2 - Copie, em seu caderno, a quadrinha que nos conta como é o corpo do inseto.

III - TREINO ORTOGRÁFICO

1 - Copie da lição palavras com os grupos de consoantes:

> bl   cl   fl   gl   pl

2 - Forme orações com as palavras:

abdômen — tórax — existem — explicação

3 - Copie, separe as sílabas das palavras e torne a juntar:

quadrinha   esquecerá   quantidade

IV - ATIVIDADES GRAMATICAIS

1 - Repare:

	sapo feio	O substantivo **sapo** está **no singular**. O adjetivo **feio** está **no singular**.
	sapos feios	O substantivo **sapo** está **no plural**. O adjetivo **feio** está **no plural**.
	bolo gostoso	O substantivo **bolo** é do **gênero masculino**. O adjetivo **gostoso** é do **gênero masculino**.
	casa nova	O substantivo **casa** é do **gênero feminino**. O adjetivo **nova** é do **gênero feminino**.

Você descobriu que:

> O **adjetivo** sempre **concorda** com o **substantivo**.

2 - Copie no seu caderno e continue como no modelo:

rosa amarela — rosas amarelas
livro novo — livros
aluno estudioso — alunos
dia chuvoso — dias

3 - Complete como no modelo:

homem trabalhador — mulher trabalhadeira
rei justo — rainha
leitão gordo — leitoa
pintor bom — pintora

4 - Veja o modelo e faça a atividade substituindo a ☆ .

Uma criança discutia.
Duas crianças discutiam.
Uma menina falava.
Duas ☆ .
Uma abelha voava.
Duas ☆ .

5 - Continue respondendo as perguntas. Veja o modelo e substitua a ☆ .

a) Você discute?
Eu discuto.

b) Você pergunta?
Eu ☆ .

c) Você responde?
Eu ☆ .

d) Você desenha?
Eu ☆ .

V - REDAÇÃO

Glorinha e Vera continuam a conversar sobre os animais úteis e nocivos. Escreva o "longo papo" que estão levando.

O COELHINHO DO HIMALAIA

Observe a gravura.

Representa uma raça de coelhos muito curiosa. Só vive em lugares cobertos de neve. O corpo é todo branquinho.

Mas, a ponta das patinhas, da cauda, das orelhas e do focinho é negra como carvão.

Se tosarmos, bem raso, um pouco do pêlo branco que cobre seu corpo, no lugar nascerá outro, bem pretinho e sedoso.

Sabe por quê?

É uma defesa do animal. A Natureza o ajuda a se proteger contra o frio.

A cor preta tem a propriedade de absorver e de conservar o calor do Sol.

As partes do corpo mais sensíveis ao frio são as extremidades: pés, mãos, pontas das orelhas. No animal, também o focinho e a cauda.

Agora, pense e descubra porque as extremidades do corpo do coelhinho são pretas.

I - ESTUDO DO VOCABULÁRIO

1 - Leia:

absorver	— recolher em si
curiosa	— rara, interessante
defesa	— proteção, resguardo
extremidades	— pontas
Natureza	— conjunto de tudo que existe no Universo
protege contra o frio	— aquece
sedoso	— que é macio como a seda
sensível	— que sente com facilidade

2 - Copie as orações e substitua a ☆ por palavras da lição:

Didi ganhou um coelhinho de pêlo ☆ .

Viu manchas ☆ no corpo do animalzinho.

A mãe explicou:

— O coelhinho branco é ☆ ao frio.

A parte negra que você vê nas patinhas, no focinho, nas orelhas e na cauda ☆ o calor e é ☆ para o bichinho.

3 - Em seu caderno, forme orações afirmativas com as palavras:

| extremidades | curiosa |

II - ENTENDIMENTO DA LEITURA

1 - Observe o desenho ao lado e tente reproduzi-lo em seu caderno.

Agora copie do texto uma oração que fale como o coelhinho é e escreva debaixo do desenho que você fez.

2 - Responda:

Onde vive o coelho himalaia?
Que propriedade tem a cor preta dos pêlos do animal?
Quais as partes de seu corpo mais sensíveis ao frio?

3 - Dê sua opinião:

a) No homem, quais as partes do corpo que se resfriam com mais facilidade?
b) No Inverno, geralmente os cães enfiam o rabo entre as pernas. Por que será?

III - TREINO ORTOGRÁFICO

1 - Leia as palavras da lição separadas em sílabas:

    observe   ob-ser-ve
    absorver   ab-sor-ver

  Repare que, nessas palavras, a letra b não está seguida de vogal. Por isso ela é pronunciada rapidamente.

  Agora você. Separe as sílabas das palavras.

    admiração   objeto
    advogado   adjetivo

2 - Copie da lição as cinco palavras em que o s tem som de z .

3 - Vamos recordar.

  Leia e observe com atenção as palavras abaixo:

  casa   guloso   risada   gasosa
  blusa   mesa   música   camisa
  confusão pesado   lousa   casa

  Responda: Por que motivo o s nessas palavras, tem som de z ?

IV - ATIVIDADES GRAMATICAIS

1 - Leia e copie estas palavras:

   também   parabém   **vem**

  Quantas sílabas tem a palavra sem acento?

  —————————————

  Acentue agora as palavras: .

  bem   **ninguem**   **armazem**

  Guarde isto: Acentuamos a palavra oxítona com final **ém**, se ela tiver mais de uma sílaba.

  Agora responda:

  Quando não devemos acentuar as palavras com o final **ém**?

2 - **Aprenda adjetivos pátrios que indicam em que Estados nasceram alguns brasileiros. Copie substituindo a ☆ .**

    Quem nasce no Maranhão   é maranhense
    Quem nasce no Piauí   é piauiense
    Quem nasce em Brasília   é brasiliense
    Quem nasce em Santa Catarina   é catarinense
    Quem nasce no Paraná   é ☆ .
    Quem nasce no Ceará   é ☆ .
    Quem nasce no Pará   é ☆ .
    Quem nasce no Amazonas   é ☆ .

3 - **Conheça outros adjetivos pátrios que indicam a nacionalidade.**

    Quem nasce em Portugal   é **português**
    Que nasce na China   é ☆ .
    Quem nasce na Inglaterra   é ☆ .
    Quem nasce na França   é ☆ .
    Quem nasce no Japão   é ☆ .

4 - **Continue a atividade no caderno, de acordo com o modelo:**

    O que tem bondade   é bondoso
    O que tem religião   é religioso
    O que tem medo   é ☆ .
    O que tem caridade   é ☆ .
    O que tem amor   é ☆ .
    O que tem gula   é ☆ .
    O que tem orgulho   é ☆ .

Repare que os adjetivos com a terminação `oso` se escrevem sempre com `s` .

5 - **Leia e aprenda como podemos dizer:**

    amor de mãe   amor materno
    amor de pai   amor paterno
    amor de irmão   amor fraterno
    amor de filho   amor filial
    amor da Pátria   amor pátrio

6 - Vamos escrever tudo no grau aumentativo usando: ona .

Não é uma menininha.   É uma meninona.
Não é uma borrachinha.   É uma ☆ .
Não é uma cestinha.   É uma ☆ .
Não é uma baratinha.   É uma ☆ .
Não é uma mocinha.   É uma ☆ .

V - REDAÇÃO

1 - Escreva uma oração interrogativa e outra afirmativa empregando os substantivos:

árvore e ninho

2 - Faça uma pesquisa e descubra coisas sobre a vida do coelho:

— de que se alimenta;
— onde mora;
— como constrói sua casinha;
— que come quando filhote.

3 - Invente nomes para uma família de coelhinhos:

O coelho pai: ☆ .
A coelha mãe: ☆ .
O coelhinho maior: ☆ .
O coelhinho caçula: ☆ .

Agora, invente uma história bem bonitinha em seu caderno. Use as personagens cujos nomes você inventou. Vai ficar uma graça!

4 - Com as letras do balão forme as palavras que puder.

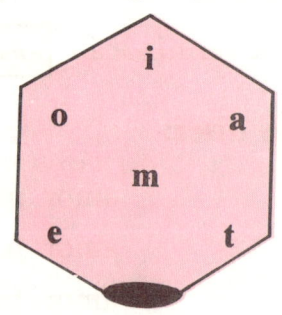

i
o   a
m
e   t

5 - Imagine que você tem uma coleção de coelhos, e se mude para um apartamento em que não é possível criar animais. Escreva o que fará.

O PRÊMIO DA MÃE-D'ÁGUA

Um dia, na hora de voltar para sua habitação, um humilde lenhador tropeçou e seu machado caiu no fundo do rio.

O pobre homem ficou muito triste.

A mãe-d'água surgiu de dentro do rio e lhe disse:

— Não se preocupe, havemos de encontrar seu machado.

Mergulhou e voltou trazendo um, feito de ouro.

— É este? — perguntou ela.

— Não é esse, respondeu o lenhador humildemente.

A mãe-d'água mergulhou de novo e trouxe outro, todo de prata.

— É este?

— Não! Esse não é o meu.

Na terceira vez, ela pegou no fundo do rio um machado de aço e perguntou:

— Será este?

— Sim, é esse — afirmou o herói de nossa história.

A mãe-d'água concluiu:

— Como prêmio, os três machados são seus. Pode levá-los e seja feliz!

I - ESTUDO DO VOCABULÁRIO

1 - Leia com atenção:

concluir	— terminar, deduzir, entender
herói	— homem notável por suas qualidades, por seu valor
humildemente	— modestamente, com simplicidade
mãe-d'água	— Iara, sereia dos rios, ser imaginário tendo metade do corpo de mulher e metade peixe
preocupar	— inquietar
tropeçar	— dar uma topada, perder o equilíbrio

2 - Copie e complete as orações com uma das palavras acima:

Um lenhador ☆ numa pedra e derrubou seu machado no rio.

A ☆ apareceu e disse:

— Não se ☆ , vou achar o seu machado.

Ela entregou três machados ao nosso ☆ que agradeceu ☆ .

O lenhador não ☆ porque recebeu três machados como prêmio.

3 - Em seu caderno, forme orações com as palavras:

herói   mãe-d'água   tropeçou

II - ENTENDIMENTO DA LEITURA

1 - Responda em seu caderno:

a) Quais as personagens da história?

b) Você acha que a mãe-d'água existe?

c) De acordo com a crendice popular, onde ela vive?

d) Em que ela é diferente das outras mulheres?

e) Se você fosse lenhador, que machado receberia? Por quê?

f) Você sabe por que a mãe-d'água premiou o lenhador?

2 - Copie a oração que conta o que disse a mãe-d'água, quando surgiu do fundo do rio.

III - TREINO ORTOGRÁFICO

1 - **Leia o texto:**

> Puxa ! **Hoje Horácio** está cansado.
> Ele trabalhou na **horta** toda manhã.
> Depois vendeu **hortaliças** no **hotel** e no **hospital**.
> **Horácio** trabalha muitas **horas** por dia.
> Ele é um **herói humilde**.

2 - **Copie as palavras em negrito e escreva:**

Todas estas palavras começam com uma letra sem som.
É a letra ☆ .

3 - **Agora copie da lição as nove palavras começadas com** h .

4 - **Copie e complete as orações com uma das palavras:**

hoje	Hugo	horas
humildemente	homem	hotel

☆ é um ☆ pobre.
Ele se veste ☆ .
☆ ele viajou de ônibus para Brasília.
Chegou às oito ☆ da noite e foi para um ☆ .

IV - ATIVIDADES GRAMATICAIS

1 - **Coloque a pontuação no diálogo do lenhador com a mãe-d'água.**

A mãe-d'água disse ao homem
   É este seu machado
   Não é esse respondeu o lenhador
   É este
   Não   Esse não é o meu

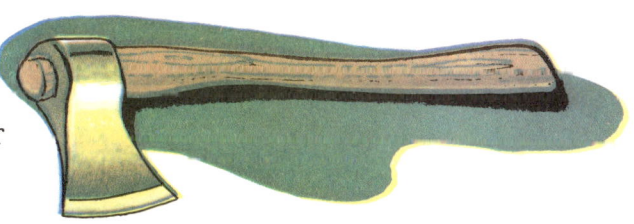

2 - **Leia, copie e complete no caderno.** Veja o modelo:

Eu **voltei** para casa.   Eu **levei** o machado.
Você **voltou** para casa.   Você ☆ o machado.
Nós **voltamos** para casa.   Nós ☆ o machado.
Eles **voltaram** para casa. Eles ☆ o machado.

3 - Vamos comparar a qualidade de alguns animais

O cão **é mais** esperto **do que** o gato.
O gato **é tão** esperto **quanto** o rato.
O coelho **é menos** esperto **do que** o cão.

Nas orações acima o adjetivo **esperto** está sendo comparado:
O adjetivo **esperto** está no

> **grau comparativo**

O **grau comparativo** pode ser:

De **superioridade**	— quando dizemos: é **mais do que**
De **igualdade**	— quando dizemos: é **tão quanto**
De **inferioridade**	— quando dizemos: é **menos do que**

Veja:

A rosa é **mais** bonita **do que** o cravo.	grau de **superioridade**
A violeta é **tão** perfumada **quanto** o jasmim.	grau de **igualdade**
A rosa é **menos** perfumada **do que** a violeta.	grau de **inferioridade**

4 - Complete escrevendo em que grau estão os adjetivos:

Pedro **é mais** inteligente **do que** Luís.   (grau ☆)
Luís **é tão** inteligente **quanto** Rui.   (grau ☆)
Rui **é menos** inteligente **do que** Pedro.   (grau ☆)

5 - Leia com atenção:

Há (com agá)	**a** (sem acento e sem **h**)
No **tempo passado**	No **tempo futuro**
O fato já aconteceu.	O fato vai acontecer.
Veja:	Veja:
Há muito tempo um rei...	Daqui a uns dias vou viajar.

Complete com há :

☆ dias está chovendo.
Moro no Pará ☆ muitos anos.

Complete com a :

Daqui ☆ pouco vou sair.
Quero viajar daqui ☆ um mês.

6 - Copie e complete com há ou a :

   Mudarei daqui ☆ um ano.
   Estou esperando você ☆ duas horas.
   Nem daqui ☆ um mês você aprenderá.
   ☆ dias espero uma carta sua.

7 - Conheça mais alguns adjetivos pátrios que indicam o Estado em que nasceram vários brasileiros:

   Em Pernambuco é pernambucano   No Acre é acreano
   Em Alagoas é ☆ .   Na Bahia é ☆ .
   Em Goiás é ☆ .   Na Paraíba é ☆ .

8 - Copie e com adjetivos forme substantivos. Siga o modelo:

   magro — **magreza**   bravo — ☆ .
   rico — **riqueza**   mole — ☆ .
   grande — ☆ .   certo — ☆ .
   pobre — ☆ .   belo — ☆ .
   duro — ☆ .   limpo — ☆ .

V - REDAÇÃO

1 - Veja este anúncio e escreva outro em seu caderno, dizendo que você perdeu alguma coisa:

Perdeu-se

no bairro Boa Vista, um cão policial de cor marrom, no dia 5.
   Gratifica-se a quem o entregar à rua São Benedito, n. 20.

2 - Passe nos travessões a conversa entre o lenhador e a mãe-d'água.

Como poderei trabalhar sem o meu machado?

Não se preocupe amigo, haveremos de encontrá-lo.

O SAPO MISTERIOSO

Um sapo morava no jardim próximo a uma escola.

O batráquio vivia sossegado e gordo, comendo os bichinhos das plantas.

Mas... um dia as crianças viram o animalzinho e se aproximaram dele.

Em meio a exclamações de alegria trouxeram paus e pedrinhas para espantar o bicho.

Quando voltaram, ele havia desaparecido.

O fato se repetiu várias vezes.

As crianças andavam intrigadas com o mistério e pediram explicação ao professor. Ele lhes disse:

— Às vezes, os animais tomam a cor do meio em que estão, ou se confundem com ele, quando não querem se expor aos inimigos, como o sapo, o leão, o camaleão e outros.

O sapo que vocês viram talvez tenha se escondido entre as plantinhas, para se disfarçar entre elas.

É o que chamamos **mimetismo**.

I - ESTUDO DO VOCABULÁRIO

1 - Eis algumas palavras para estudarmos:

batráquio	— animal vertebrado que sofre alterações no corpo: sapo, rã, perereca
camaleão	— lagarto que tem a propriedade de mudar de cor
exclamações	— gritos, brados
expor	— mostrar
intrigadas	— curiosas
mimetismo	— mudança de cor de certos animais para se confundir com o ambiente
mistério	— segredo
misterioso	— estranho
próximo	— perto de

2 - Leia e copie substituindo as palavras grifadas pelos sinônimos:

As crianças fizeram **exclamações** quando viram o **misterioso camaleão** entre as folhas.

A professora que estava próximo, explicou o **mistério**:

— O **camaleão** muda de cor para se confundir com o ambiente e não se **expor** aos inimigos.

— O sapo também muda de cor?

— Sim, o sapo é um **batráquio** que sofre alterações no corpo e muda de cor.

As crianças ficaram **intrigadas** com o **camaleão** e o sapo.

3 - Copie do vocabulário a explicação da palavra: mimetismo

II — ENTENDIMENTO DA LEITURA

1 - Responda em seu caderno.

Consulte o vocabulário para responder:

a) O camaleão muda de cor. Como se chama essa mudança?

b) O sapo é um batráquio; por quê?

2 - Complete, relendo a lição:

Como o sapo daquele jardim ajudava as plantinhas?
Por que as crianças andavam intrigadas?
Que acha da atitude das crianças? Por quê?
Você já viu um sapo? Onde ele estava?
Acha certo ter medo de sapo? Por quê?

III - TREINO ORTOGRÁFICO

1 - Leia e copie em seu caderno as palavras, assinalando as que não fazem parte do texto:

próximo
aproximaram
trouxe
trouxeram

expor
exposição
explicar
exclamações

2 - Junte as sílabas das palavras abaixo e torne a separar.

Olhe o modelo:

ex-plo-dir   explodir   ex-plodir

explosão
exclamou
exclamações
explicar
explicação
exposição

próximo
proximidade
aproximou-se
trouxe
trouxeram
máximo

IV - ATIVIDADES GRAMATICAIS

1 - Leia e veja como eu exagerei as qualidades de Maria:

Maria é **muito bela**.
Maria é **belíssima**.

Aquela menina é **muito alta**.
Aquela menina é **altíssima**.

Agora você. Exagere as qualidades

João é **muito estudioso**.
João é ☆ .

O casaco é **muito caro**.
O casaco é ☆ .

2 - Copie e complete com uma palavra do quadro:

| baixíssimo | quentíssimo |
| novíssimo | finíssima |

A seda é **muito fina**.
A seda é ☆ .

O anão é **muito baixo**.
O anão é ☆ .

Meu livro é **muito novo**.
Meu livro é ☆ .

Este café está **muito quente**.
Este café está ☆ .

3 - Leia o que aconteceu:

Marcos ganhou **dez** bolinhas de gude.
É a **primeira** vez que ele joga.
Seu primo ganhou o **dobro**.
Depois perdeu a **metade**.

As palavras: **dez, primeira, dobro** e **metade** dão idéia de quantidades. São numerais.

O numeral pode ser:

> **Cardinal** indica **seqüência numérica**:
> um, dois, três, dez, vinte, cem...

> **Ordinal** indica **ordem**:
> primeiro, segundo, terceiro...

> **Multiplicativo** indica **multiplicação**:
> dobro, triplo, quádruplo, quíntuplo...

> **Fracionário** indica **fração**:
> meio, terço, quarto, quinto, sexto...

4 - Copie e responda certo:

Mariana tirou boas notas e ficou no **quarto** lugar de sua classe.
Quantas alunas estão classificadas à frente dela?

Coitada de D. Maria! Esta noite ela teve filhos **quíntuplos**.
Quantos filhos ela teve?

Mamãe partiu o mamão em **quatro** partes.
Eu comi uma delas. Que parte do mamão eu comi?

Fernando comprou um **cento** de bolinhas de gude.
Quantas bolinhas ele comprou?

5 - Leia:

> Você **acordou** cedo.
> Você **tomou** banho.
> Você **escovou** os dentes.
> Você **penteou** os cabelos.

As palavras: acordou, tomou, escovou e penteou são **ações**.

Nós e todos os seres vivos que existem, o tempo todo estamos praticando ações.

> As palavras que indicam ação chamam-se **VERBOS**

6 - Copie as orações. Passe um traço debaixo dos verbos.

Veja o modelo:

> A criança viu o sapo.
> Ela jogou um pau no sapo.
> O sapo desapareceu.
> A criança procurou o sapo.

V - REDAÇÃO

1 - Em seu caderno, forme orações com os grupos de palavras:

a) crianças — mistério — explicação
b) paus — pedrinhas — bichinhos
c) sossegado — animalzinho — plantinhas

2 - Hoje as crianças foram à escola, mas não foram ao jardim.

> Havia muitas poças d'água entre os canteiros.
> Que acha você que aconteceu?

3 - Copie o começo da história e escreva um fim para ela.

> Um dia o sapo Gibão resolveu dar um passeio na beira do rio. Estava distraído com as plantinhas e as pedras, quando ☆.

QUE PALAVRA ESQUISITA!

As crianças se interessaram em conhecer mais alguma coisa sobre a vida dos sapos.

Fizeram pesquisas e muitas perguntas ao professor.

Um aluno leu em um livro que o sapo é anfíbio.

Achou a palavra esquisita, mas o professor esclareceu:

— Anfíbios são animais vertebrados, de pele nua e sangue frio. Vivem tanto na água como na terra. Também são anfíbios: a perereca, a salamandra.

— Professor, o Alexandre disse que o sapo bota ovos.

— A fêmea do sapo põe na água um cordão comprido de ovos. São moles e pretinhos, parecendo gelatina.

Ali ficam se mexendo e remexendo sem parar e vão mudando de forma. Em cada um nasce um rabinho. Parecem peixinhos.

— Eu nunca vi sapo com rabo, falou o Aleixo.

— O rabinho vai encurtando, as patinhas aparecendo, até que o sapo fica perfeito e pode deixar a água para viver na terra.

I - ESTUDO DO VOCABULÁRIO

1 - Leia com atenção as palavras novas:

esquisita	— estranha, incomum
interessaram	— tiveram curiosidade
perereca	— espécie de rã
perfeito	— sem defeito, completo
pesquisa	— investigação
salamandra	— lagarto, é um animal que vive tanto na água como na terra
vertebrados	— animal que possue esqueleto formado de ossos e cartilagens

2 - Copie as orações substituindo as palavras em negrito pelos sinônimos:

A **perereca** e a **salamandra** sumiram dentro da lagoa.

As crianças se **interessaram** em fazer uma **pesquisa** sobre esses animais **esquisitos**.

O trabalho ficou **perfeito**.

II — ENTENDIMENTO DA LEITURA

1 - Responda:

   a) Por que o sapo é anfíbio?
   b) Que põe a fêmea na água?
   c) Que mudança houve com o rabinho e as patinhas do sapo?
   d) Na ilustração você vê alguns animais. Que está acontecendo?

2 - Se você encontrar, num rio, um cordão comprido e mole tal qual gelatina, como explicará a seu irmão de que se trata?

3 - Conheça alguma coisa da vida dos sapos:

O sapo costuma provocar medo e nojo nas pessoas.

Mas, ele é útil porque se alimenta de insetos: grilos, gafanhotos, lagartas etc., que atacam as plantações.

Para se defender de seus inimigos, possue duas glândulas que produzem um líquido venenoso.

Você já ouviu o barulho dos sapos na lagoa?

As fêmeas do sapo não coaxam.

Coaxar é próprio só dos machos, quando querem atrair as fêmeas para a reprodução.

4 - Responda:

    a) Qual a utilidade do sapo?
    b) Como ele se defende dos inimigos?
    c) Por que o sapo coaxa na lagoa?

III - TREINO ORTOGRÁFICO

1 - Divida as palavras em sílabas e torne a juntar. Olhe o modelo:

| Alexandre | A-le-xan-dre | Alexandre |

mexendo
remexendo
peixinhos
deixar

baixo
debaixo
peixe
trouxe

2 - Junte as sílabas das palavras e torne a dividir. Veja o modelo:

| es-qui-si-ta | esquisita | es-qui-si-ta |

pes-qui-sas
san-gue
sa-la-man-dra
ver-te-bra-dos
pro-fes-sor
in-te-res-sa-ram

IV - ATIVIDADES GRAMATICAIS

1 - Vamos recordar? Continue a atividade em seu caderno:

A perereca é **muito esquisita**.
A perereca é **esquisitíssima**.

Esta história é **muito interessante**.
Esta história é ☆ .

A grama do jardim é **muito baixa**.
A grama do jardim é ☆ .

Os ovinhos do sapo são **muito pretos**.
Os ovinhos do sapo são ☆ .

2 - **Leia e copie em seu caderno:**

O professor falou sobre o sapo.
Ele falou sobre o sapo.

Marina ouviu o professor
Ela ouviu o professor.

Marina e Alexandre viram o sapo.
Eles viram o sapo.

Eu e Aleixo nunca vimos um sapo.
Nós nunca vimos um sapo.

Você descobriu?

As palavras:

Eu	Ele	Ela
Nós	Eles	Elas

são usadas em lugar do nome.

Chamam-se: PRONOMES PESSOAIS

3 - **Copie, substituindo os nomes por um dos pronomes pessoais:**

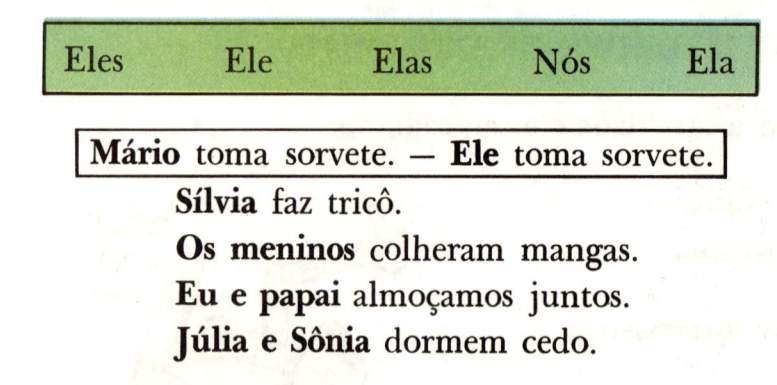

Eles	Ele	Elas	Nós	Ela

Mário toma sorvete. — **Ele** toma sorvete.
Sílvia faz tricô.
Os meninos colheram mangas.
Eu e papai almoçamos juntos.
Júlia e Sônia dormem cedo.

4 - **Copie e complete com os pronomes pessoais**

☆ vi o sapo.
☆ viu o sapo.
☆ vimos o sapo.
☆ viram o sapo.

☆ chutamos a bola.
☆ chutei a bola.
☆ chutaram a bola.
☆ chutou a bola.

5 · **Vamos recordar?**

Olhe nos balões e repare na "fala" das personagens.

Você está vendo os **pronomes pessoais.**

Os pronomes pessoais substituem os nomes dos seres.

Os pronomes pessoais são:

EU	**1ª pessoa do singular** **Eu** a pessoa que fala. — **Eu** fui buscar o gato.
TU	**2ª pessoa do singular** **Tu** a pessoa com quem falamos. — **Tu** viste o gato?
ELE	**3ª pessoa do singular** **Ele** ou **ela** a pessoa de quem falamos. — **Ele** levou o gato.
NÓS	**1ª pessoa do plural** **Nós** as pessoas que falam. — **Nós** não vimos o gato.
VÓS	**2ª pessoa do plural** **Vós** as pessoas com quem falamos. — **Vós** vistes o gato?
ELES	**3ª pessoa do plural** **Eles** ou **elas** as pessoas de quem falamos. — **Eles** gostam de gatos.

Complete em seu caderno:

Os pronomes pessoais são: ☆ .

6 - Leia

O sapo **muda** de forma.
O verbo ou ação é **mudar**.
Ele termina em **ar**.

O sapo **vive** na lagoa.
O verbo ou ação é **viver**.
Ele termina em **er**.

O sapo **sumiu**.
O verbo ou ação é **sumir**.
Ele termina em **ir**.

Você viu que os verbos podem terminar em:

| ar | er | ir |

7 - Copie e complete em seu caderno, substituindo a ☆ . Veja o modelo:

Quem **corre** faz a ação de **correr**.

Quem **chora** faz a ação de ☆ .

Quem **ri** faz a ação de ☆ .

Quem **come** faz a ação de ☆ .

Quem **dorme** faz a ação de ☆ .

Quem **grita** faz a ação de ☆ .

Quem **pula** faz a ação de ☆ .

Se as palavras que você escreveu indicam **ações**, elas são ☆ .

V - REDAÇÃO

Olhe os desenhos e escreva uma história sobre "Dom Sapo".

O PRESENTE DO VAGALUME

Quando o Menino Jesus nasceu todos os animais queriam dar-lhe um presente.

O galo cantou: qui-qui-ri-qui!

O boi e o burro flexionaram os joelhos e sopraram nele seu bafo quente.

Os passarinhos levaram no biquinho penas macias para forrar a manjedoura onde ele dormia.

As ovelhas o esquentaram com sua lã.

Só o vaga-lume estava inquieto.

Não tinha nada para dar.

Enquanto voava daqui e dali, procurando qualquer coisa por pequena que fosse, teve uma idéia.

Colheu uma florzinha e ofereceu ao Menino.

Jesus, então, quis retribuir o presente.

Tirou um raio da estrela e fixou no corpo do vaga-lume.

É por isso que à noite, ele brilha nos campos, tal qual uma estrelinha, com reflexos esverdeados.

I - ESTUDO DO VOCABULÁRIO

1 - Leia com atenção as palavras do texto:

bafo	—	ar que sai dos pulmões, hálito
fixou	—	prendeu
flexionaram	—	curvaram, dobraram
inquieto	—	agitado, desassossegado
manjedoura	—	tabuleiro em que se põe a comida dos animais, nas estrebarias
reflexo	—	brilho
retribuição	—	recompensa, dar em troca

2 - Copie a história abaixo e substitua a ☆ pela palavra certa.

noite	retribuição	flexionaram
fixou	reflexo	manjedoura

Naquela ☆ um pastorzinho viu no céu o ☆ de uma estrela.
Ele ☆ a atenção no seu brilho.
Foi andando e viu uma ☆ .
Lá estava deitado um Menino.
Outros pastores vieram e ☆ os joelhos.
O pastorzinho deu ao Menino uma ovelhinha, sem esperar ☆ .

3 - Faça orações com os grupos de palavras:

bafo — sopraram   inquieto — menino

II - ENTENDIMENTO DA LEITURA

1 - Seis animais são personagens da história.

Pela ordem em que aparecem no texto, copie o nome delas.

2 - Copie certo escrevendo que presente cada animal ofereceu ao Menino:

O galo	ofereceu uma flor.
O boi e o burro	o que esquentaram com sua lã.
Os passarinhos	cantou: qui-qui-ri-qui!
As ovelhas	sopraram seu bafo quente.
O vaga-lume	levaram penas macias.

118

3 - Responda em seu caderno:

    a) Qual a causa da inquietação do vaga-lume?
    b) Como ele resolveu seu problema?
    c) O vaga-lume recebeu retribuição? Qual foi?
    d) Você já viu um vaga-lume? A que horas?

4 - Pense e responda em seu caderno:

    A que Menino se refere a história?

    Por que escrevemos a palavra Menino com letra maiúscula?

III - TREINO ORTOGRÁFICO

1 - Copie da lição os parágrafos em que entram as palavras:

    reflexos   flexionaram   fixou

Depois copie os sinônimos, olhando no vocabulário.

2 - Junte as sílabas destas palavras e torne a separar. Olhe o modelo:

| nas-ceu | nasceu | nas-ceu |

re-tri-bu-ir
qual-quer
for-rar
pro-cu-rar
re-fle-xos

IV - ATIVIDADES GRAMATICAIS

1 - Leia as orações:

    Hoje o galo **canta**.
    Ontem o galo **cantou**.
    Amanhã o galo **cantará**.

Canta — é tempo **presente** — está acontecendo
Cantou — é tempo **passado** — já aconteceu
Cantará — é tempo **futuro** — irá acontecer

2 - Você viu que:

> A palavra que indica ação chama-se **verbo**.
>
> O verbo pode estar nos tempos:
>
> | PRESENTE | PASSADO ou PRETÉRITO | FUTURO |

3 - Agora você. Copie e escreva em que tempo a ação acontece:

Hoje o vaga-lume **colhe** uma flor. (Tempo ☆)
Ontem o vaga-lume **colheu** uma flor. (Tempo ☆)
Amanhã o vaga-lume **colherá** uma flor. (Tempo ☆)

4 - **Complete com os verbos no tempo certo:**

Hoje o Menino dorme. (Presente)
Ontem o Menino ☆ . (Passado)
Amanhã o Menino ☆ . (Futuro)

Hoje ele joga bola. (Presente)
Ontem ele ☆ bola. (Passado)
Amanhã ele ☆ bola. (Futuro)

5 - Conheça outras qualidades ou adjetivos. Veja os modelos:

Vestido **verde**   Vestido **esverdeado**
Bola **branca**   Bola **esbranquiçada**
Calça **azul**
Saia **vermelha**
Fita **amarela**
Faixa **roxa**
Véu **cor de laranja**

6 - Leia as orações:

Só o vaga-lume estava **inquieto**.
Inquieto quer dizer: **não** é quieto.

Ele é **incapaz** de acertar.
Incapaz quer dizer: **não** é capaz.

Agora você. Copie e complete substituindo a ☆ :

infiel   — quer dizer: ☆ .
infeliz — quer dizer: ☆ .
injusto — quer dizer: ☆ .

> O pedacinho **in** quer dizer ☆ .

7 - Leia a oração:

O passarinho	levou penas macias, para o Menino
sujeito	predicado

— Quem levou penas macias? (O passarinho)
O passarinho é o **sujeito**.
— Que ação o passarinho praticou? (Levou penas macias)

> SUJEITO é aquele que pratica a ação, seja pessoa, animal ou coisa.

> PREDICADO é a ação praticada pelo sujeito.

8 - Agora você. Copie separando as partes das orações:

   a) As ovelhinhas esquentaram o Menino.

   O sujeito é ☆
   O predicado é ☆

   b) Uma estrela brilhou no céu.

   O sujeito é ☆
   O predicado é ☆

9 - Leia com atenção e depois responda:

   Todos os animais queriam dar-lhe um presente.
   O boi e o burro sopraram nele seu bafo quente.
   Os passarinhos forraram com penas a manjedoura onde ele dormia.
   As ovelhas o esquentaram com sua lã.

As palavras lhe — nele — ele e o estão substituindo o nome.
As palavras que substituem o nome chamam-se ☆ .

V - REDAÇÃO

1 - Responda no seu caderno:

   Como se chama a noite do nascimento de Jesus?
   Você gosta desse dia? Por quê?
   Que gostaria de ganhar no Natal?

2 - Conte em seu caderno algum fato que aconteceu a você num dia de Natal.

   Quando foi?   Que você fez?
   Como foi?   Isso o alegrou ou aborreceu? Por quê?

UM CASO CURIOSO

Certa vez, um cientista levou para seu quarto algumas plantinhas verdes.

Colocou-as junto a um ratinho, em caixas cobertas com vidro.

Notou, então, que o roedor ficava muito esperto quando estava próximo da plantinha.

Mas, se a tirasse da caixinha, o rato se tornava sonolento e ia dormir.

O cientista chegou a uma conclusão: existia alguma coisa na planta, que animava o ratinho.

Muitas vezes repetiu pacientemente a experiência e o resultado era o mesmo.

Descobriu uma coisa muito importante:

"Das folhas das plantas se desprende um gás chamado oxigênio."

Esse gás é indispensável à vida dos vegetais e dos animais.

Eu, você, e todos os seres que nascem, crescem e morrem, precisamos de oxigênio para viver.

I - ESTUDO DO VOCABULÁRIO

1 - Nesta lição aparecem estas palavras:

cientista	—	sábio, estudioso das ciências
desprende	—	solta
experiências	—	ensaios
gás	—	qualquer fluido parecido com o ar
indispensável	—	necessário
oxigênio	—	elemento do ar, indispensável à vida
pacientemente	—	com paciência, com insistência

2 - Copie as orações. Substitua a ☆ por palavras do vocabulário:

O ☆ estudava pacientemente as plantas.

Ele fazia ☆ usando um ratinho preso numa caixa de vidro, junto com uma planta verde.

Descobriu que há nos vegetais um ☆ que é ☆ à vida.

Este ☆ que se ☆ planta se chama ☆ .

II - ENTENDIMENTO DA LEITURA

1 - Responda, em seu caderno:

Agora que leu e entendeu a lição, é fácil escrever:
  a) Que faz um cientista?
  b) Como ficava o ratinho colocado junto à planta?
  c) Que fazia o bichinho, quando a planta era retirada?
  d) Copie a conclusão a que chegou o cientista.
  e) Você achou a experiência importante? Por quê?

2 - Forme orações com estes grupos de palavras:
  a) ratinho — plantinhas — verdes
  b) animais — vegetais
  c) cientista — paciente — resultado

III - TREINO ORTOGRÁFICO

1 - Leia e copie estas palavras. Acertou todas? Você é o máximo!
   (Máximo quer dizer maior.)

caixa	caixinha
próximo	aproximar
existia	existir
experiência	experimentar
oxigênio	oxigenar

2 - No quadro abaixo há 16 palavras com [x]
   Procure descobri-las e escreva-as no seu caderno:

X	I	C	E	P	U	X	A	D	O	R
A	C	O	M	R	I	O	F	U	N	R
L	I	X	O	Ó	P	T	R	O	X	O
E	Z	A	E	X	A	M	E	R	A	X
I	F	A	X	I	N	A	O	U	B	I
B	O	X	E	M	M	E	X	E	A	G
U	M	O	T	O	L	A	O	C	C	Ê
B	R	U	X	A	H	V	E	P	A	N
O	P	E	I	X	E	M	T	Á	X	I
A	P	E	C	A	I	X	A	M	I	O

Achou todas as palavras? Parabéns!

IV - ATIVIDADES GRAMATICAIS

1 - Você já sabe que há palavras que substituem os nomes.

São os PRONOMES PESSOAIS

Elisa bebeu água.   **Eu** e **Elisa** comemos carne.
☆ bebeu água.   ☆ comemos carne.

2 - **Vamos recordar?**
   Copie a oração, depois separe o sujeito **e o** predicado:

   Glorinha fez um desenho.

   Sujeito   — ☆ .
   Predicado — ☆ .

   Você viu que:

   A oração pode ter **sujeito** e **predicado**.
   Se retirarmos o sujeito da oração, tudo que sobra é o **predicado**.

3 - Copie as orações e passe um traço debaixo dos sujeitos:
   O rato fugiu da caixa.
   Eu vi o gato no telhado.

4 - Agora copie as orações e passe um traço debaixo dos predicados:
   O cientista prendeu o rato.
   Aquele cachorro latiu a noite toda.

5 - Copie e varie o verbo pegar **de acordo com as pessoas, no tempo presente.**

1. O cientista **pega** a caixa.
2. Eu ☆ a caixa.
3. Tu **pegas** a caixa.
4. Nós ☆ a caixa.
5. Eles ☆ a caixa.
6. Você ☆ a caixa.

6 - Copie e varie o verbo ver **no tempo passado, de acordo com as pessoas.**

1. O homem **viu** o ratinho.
2. Eu ☆ o ratinho.
3. Tu **viste** o ratinho.
4. Nós ☆ o ratinho.
5. Vós **vistes** o ratinho.
6. Eles ☆ o ratinho.

7 - Copie e complete com o verbo dormir **no tempo futuro.**

1. Maneco **dormirá** na rede.
2. Eu ☆ na rede.
3. Tu **dormirás** na rede.
4. Ela ☆ na rede.
5. Vocês ☆ na rede.

8 - Copie e complete as orações com os verbos que estão entre parênteses, no tempo futuro

1. Eu **estudarei** a lição. (estudar)
2. Nós ☆ um presente. (ganhar)
3. Ele ☆ o carro. (vender)
4. Maria ☆ a sala. (varrer)
5. Vocês ☆ a escada. (subir)
6. Eles ☆ cedo. (dormir)

125

9 - Veja. Você diz:

O cachorro late.

A oração está completa. Todos entendem o que ela quer dizer.

Leia agora:

O cientista prendeu.

A oração está incompleta pois, quem prende, prende alguma coisa. Falta uma palavra para completar o sentido do verbo.

Veja esta oração:

O cientista prendeu o rato.

A palavra ⬚ rato ⬚ completa o sentido do verbo.

10 - **Assinale a palavra que completa o sentido do verbo.** Veja como eu fiz:

A menina trouxe **balas.**
Papai comprou um automóvel.
Fernando carregou o cesto.
José e Chiquinho comeram pipocas.

11 - **Faça como eu fiz:**

felicíssimo — feliz

ferocíssimo   amicíssimo
belíssimo   perigosíssimo
utilíssimo   fortíssimo
raríssimo   fraquíssimo

12 - **Combine as sílabas dos círculos e forme duas palavras da lição, no seu caderno.**

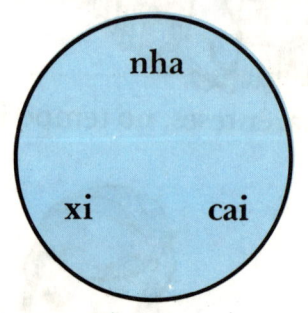

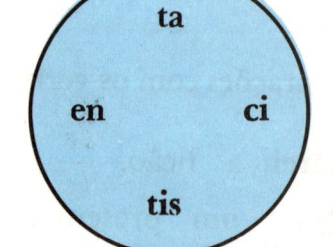

nha
xi   cai

ta
en   ci
tis

13 - **Pense e responda:**

O gato entrou correndo na cozinha.
Suas patinhas molharam o chão.
Que estaria acontecendo lá fora?

V - REDAÇÃO

1 - Você sabia que as vacinas que já tomou foram inventadas pelos cientistas?

Pergunte à mamãe quais foram e para que servem.
Anote em seu caderno. É importante que você saiba isso.

2 - Leia a cartinha que Evandro recebeu do colega Roberto.

> a) Belo Horizonte, 24 de agosto de 1985
>
> b) Estimado colega Evandro
>
> c) Quando voltei das férias de julho, senti sua falta.
> A professora nos contou que você havia mudado.
> A turma sente saudades de você.
> Nosso futebol está cada vez melhor.
> Você faz muita falta na escola.
> Tenho esperança de um dia ir ao Rio de Janeiro e visitá-lo para matar saudades.
> Espero uma cartinha sua contando alguma coisa da nova residência, da escola e dos colegas que tem agora.
>
> d) Um abraço do amigo
> e) Roberto

Você leu a carta? Agora copie em seu caderno, acompanhando as letras:

a — b — c — d — e

Reparou? As partes de uma carta são:

a) A data
b) A saudação
c) O assunto da carta
d) As palavras de despedida
e) A assinatura de quem escreveu

3 - **Aprenda como preencher certo um envelope.**

FRENTE

Selo

Ao colega
Evandro da Costa Neto
Rua Antônio Parreiras, 185 (Ipanema)
2 2 4 1 1 **Rio de Janeiro** - R.J.

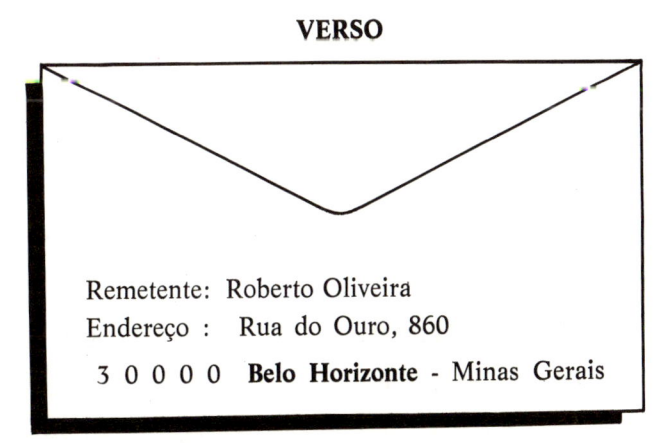

VERSO

Remetente: Roberto Oliveira
Endereço: Rua do Ouro, 860
3 0 0 0 0 **Belo Horizonte** - Minas Gerais

Que você observou na **parte da frente** do envelope?
E no **verso?** (parte de trás)

O MUNDO EM QUE VIVEMOS

O homem tem vida.

As plantas têm vida.

Os animais têm vida.

Homens, animais e plantas nascem, crescem e morrem.

Mas, há coisas que não nascem, não crescem e não morrem. Por exemplo: as rochas, as pedras, a areia etc.

Tudo isso forma a Natureza e pode ser transformado pelo homem.

Ele aproveita tudo que existe:

Da árvore come os frutos e constrói sua casa.

Com o ferro faz máquinas, fabrica seu automóvel, instala indústrias e executa grandes obras.

De muitos animais utiliza os serviços e uma infinidade de produtos.

Planta flores nos jardins de sua casa e gosta de ouvir o canto dos passarinhos.

Exatamente por esses motivos, em benefício da própria existência, tem o dever de cuidar da Natureza e de conservar o mundo em que vive.

I - ESTUDO DO VOCABULÁRIO

1 - Aqui estão muitas palavras para você estudar e usar:

benefício	— proveito
conclusão	— acabamento, remate, término
conservar	— cuidar, manter como está, fazer durar
exatamente	— justamente, corretamente
executar	— realizar
existência	— vida
indústria	— fábrica, transformação de matéria-prima em produtos
infinidade	— abundância, grande quantidade
produtos	— resultados de uma atividade, o que é fabricado pelo trabalho do homem ou da Natureza.
transformado	— modificado

2 - Copie, substituindo as palavras grifadas pelos sinônimos:

a) A geladeira **conserva** uma **infinidade** de **produtos executados** pelo trabalho do homem.

b) Existem **exatamente** trinta **indústrias** no meu bairro.

c) A **conclusão** da estrada trouxe **benefício** para a cidade.

d) As tartarugas têm **existência** longa.

e) A vida do povo foi **transformada**.

II - ENTENDIMENTO DA LEITURA

1 - Responda como souber, em seu caderno:

a) Que é a Natureza?
b) Que não nasce, não vive e não morre?
c) Que o homem pode fazer com a pedra?
d) Como utiliza o ferro?
e) Que ele gosta de ouvir?
f) Que uso o homem faz da árvore?
g) Ele tem deveres para com a Natureza? Quais?

2 - Escreva dois estragos que nós podemos causar à Natureza.

3 - Cite nomes de três animais cujo trabalho é explorado pelo homem.

III - TREINO ORTOGRÁFICO

1 - **Leia alto as palavras:**

    exame   exemplo   existe
    exatamente   executa   existência

Depois do $\boxed{e}$ quando o som é $\boxed{\text{za ze zi zo zu}}$ escreva $\boxed{x}$

Veja outras palavras:

    examinar   exército   exílio
    exagero   exercício   exigir
    (som **za**)   (som **ze**)   (som **zi**)

A única palavra em que o som $\boxed{z}$ depois de $\boxed{e}$ é escrito com $\boxed{s}$ é **esôfago** (canal que leva os alimentos ao estômago).

Escrevem-se com $\boxed{z}$ os nomes próprios: **Ezequiel** e **Ezequias**.

2 - **Agora junte as sílabas das palavras e torne a separar:**

    e-xér-ci-to
    e-xe-cu-ta
    e-xem-plo
    e-xa-ta-men-te
    e-xis-tên-cia

3 - **Copie da lição os parágrafos em que entram as palavras:**

    exemplo   executa   existência

4 - **Leia as palavras da lição:**

    instala   **cons**trói   **trans**formado

Procure e escreva palavras com as sílabas:

    $\boxed{\text{ins}}$ $\boxed{\text{cons}}$ $\boxed{\text{trans}}$

5 - **Faça o plural das palavras mudando o final $\boxed{m}$ em $\boxed{ns}$.**

Veja o modelo:

    $\boxed{\text{nuvem — nuvens}}$

jovem	jardim	trem
homem	botequim	bem
margem	amendoim	bom
ordem	espadim	um
bobagem	rím	algum

IV - ATIVIDADES GRAMATICAIS

1 - Passe para o plural as orações:

> O botequim ainda está fechado.
> Os ☆ .
> O jardim amanheceu florido.
> O trem corre sobre trilhos.

2 - Veja a oração:

> Este gato caçou um rato.

Sujeito: Este gato
Predicado: caçou um rato

> Gato é a palavra **principal** do sujeito.

Agora você. Separe o sujeito e o predicado da oração:

> Aquele menino faltou à aula.

Sujeito:
Predicado:

> **Complete:** — A palavra principal do sujeito é ☆ .

3 - Complete as orações com um antônimo. Veja o modelo:

> Um **constrói**, outro **destrói.**
> Diga **sim** ou ☆ .
> É **tudo** ou ☆ .
> Este é **pequeno**, aquele é ☆
> Uns **nascem,** outros ☆ .

4 - Continue a transformar as expressões abaixo em adjetivos:

> azul **do céu**   — azul **celeste**
> ordenado **do mês** — ordenado **mensal**
> trabalho **de dia**   — trabalho **diurno**
> bandeira **do Brasil** — bandeira ☆
> lucro **do ano**   — lucro ☆
> trem **da noite**   — trem ☆
> jardim **com flores** — jardim ☆

5 - **Vamos conhecer palavras que indicam posse?**

   Leia e copie no caderno:

   Eu construo **minha** casa.
   O homem constrói **sua** casa.

   As palavras **minha** e **sua** indicam posse.

   Minha quer dizer: **eu sou dono**.
   Sua quer dizer: **ele é dono** ou **você é dono**.

   Veja as palavras que indicam posse:

meu — minha	— nosso — nossa
seu — sua	— vosso — vossa

6 - **Copie e complete a atividade, como no modelo:**

   Eu tenho uma casa.   Eu ganhei um livro
   A casa é **minha**.   O livro é ☆ .

   Você tem uma bicicleta.   Você ganhou um blusão.
   A bicicleta é ☆ .   O blusão é ☆ .

V - REDAÇÃO

1 - Nós alteramos a Natureza para buscar os elementos necessários para a nossa existência.

   Tente responder em seu caderno:

   a) Que fazemos quando queremos construir uma moradia?
   b) Por que precisamos de abrigo ou moradia?
   c) Que fazemos quando queremos nos alimentar?
   d) Por que precisamos de alimentos?
   e) Que fazemos quando sentimos frio ou calor?
   f) Por que usamos esses recursos?
   g) Por que devemos cuidar da Natureza?

2 - Conte que recebeu uma cartinha de um amigo e o que dizia, que o deixou muito contente.

3 - **Adivinhe quem sou eu:**

   Ao homem eu ofereço   Dou flores que enfeitam a vida
   Minha sombra hospitaleira   Dou frutos e até madeira.

UM ESCRAVO LUTA POR SUA RAÇA

Nasceu na Bahia o pequeno Luis, filho de um fidalgo português e de uma negrinha escrava.

Homem esbanjador, o ricaço logo perdeu sua fortuna em festanças, jogatina e outros negócios.

Cheio de dívidas, uma idéia genial lhe passou pela cabeça. Chamou o filho que estava com dez anos e levou-o a passear pelo cais do porto. Vendeu-o num barco com um carregamento de escravos, que estava de partida para o Rio de Janeiro.

Revendido a outro comprador de escravos, o menino foi levado para São Paulo, onde ninguém quis adquiri-lo. Os escravos nascidos na Bahia tinham fama de rebeldes.

Quando completou dezessete anos, seu amo deu-o de presente ao filho, estudante de direito, que o ensinou a ler e a escrever.

Ao fim de algum tempo, o rapaz fugiu e alistou-se como soldado no exército.

Exerceu outras profissões e, com muito esforço, sempre estudando, foi um advogado famoso, mesmo sem ter diploma e tornou-se o defensor dos escravos.

Ele provou que a raça negra é tão capaz quanto a branca, na literatura, nas artes e nas ciências.

Poeta e orador de palavra fácil, Luis Gama foi o iniciador do movimento abolicionista em São Paulo.

I - ESTUDO DO VOCABULÁRIO

1 - Palavras para você ler e aprender:

abolicionista	— partidário da extinção da escravatura
cais do porto	— parte do porto destinada ao embarque e desembarque de passageiros e cargas
defensor	— aquele que defende
esbanjador	— gastador
estudante de direito	— estudante de advocacia
famoso	— com muita fama, notável
festanças	— festas muito animadas, festão
fidalgo	— pessoa nobre (barão, conde etc.)
fortuna	— riqueza
jogatina	— hábito ou costume de jogar
literatura	— arte de escrever trabalhos artísticos em prosa ou verso
orador	— o que sabe fazer discurso em público
ricaço	— homem muito rico, milionário

2 - Copie substituindo as palavras grifadas pelos sinônimos:

O rapaz **rebelde** era **estudante de direito** e tinha o costume de passar a noite em **festanças** e **jogatinas**, **esbanjando** a **fortuna** que o pai lhe deixou.

Queria ficar **famoso** e parecer um **ricaço**, um **fidalgo**, mas acabou pobre.

3 - Forme orações com as expressões:

cais do porto   homem esbanjador

4 - Copie do vocabulário o significado de abolicionista

II - ENTENDIMENTO DA LEITURA

1 - **Responda em seu caderno:**

De que personagem fala o texto?

De quem era filho?

Que aconteceu ao menino quando tinha dez anos?

Que conseguiu com seu esforço?

2 - **Pense e escreva:**

Em que data foi assinada e como se chamou a Lei que acabou com a escravidão no Brasil?

Você conhece algum negro que se tornou famoso na profissão, nas artes ou nos esportes?

3 - **Copie da lição o parágrafo que conta quando Luis aprendeu a ler e a escrever.**

III - TREINO ORTOGRÁFICO

1 - **Copie as palavras da lição, completando com** ☐ c ☐ **ou** ☐ ç ☐ **:**

rica ☐ o	aboli ☐ ionista	festan ☐ as
nas ☐ eu	cabe ☐ a	ini ☐ iador
fá ☐ il	esfor ☐ o	exér ☐ ito
exer ☐ eu	negó ☐ ios	nas ☐ idos

2 - **Copie do texto palavras com os encontros de consoantes, separando-as em colunas:**

| cr | gr | pr | tr | vr | pl |

3 - **Copie as palavras e expressões completando-as com os acentos:**

´	^	~
negocios	profissoes	facil
portugues	ninguem	exercito
Sao Paulo	ideia	dividas

IV - ATIVIDADES GRAMATICAIS

1 - Leia:

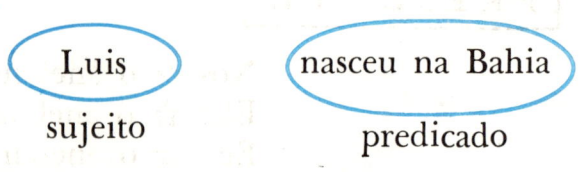

(Luis) (nasceu na Bahia)
sujeito   predicado

Copie a oração e escreva no seu caderno:

O sujeito é ☆ .
O predicado é ☆ .

Você viu que o sujeito é um só: **Luis.**

Quando a oração tem só um sujeito, dizemos que: **o sujeito é simples.**

Leia agora e copie:

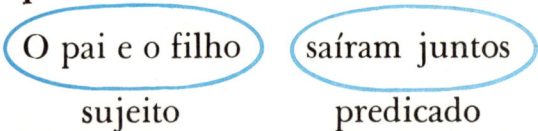

(O pai e o filho) (saíram juntos)
sujeito   predicado

Responda:

O sujeito é ☆ .
O predicado é ☆ .

Quando a oração tem mais de um sujeito, ele é: **sujeito composto.**

2 - Copie as orações, passe um traço debaixo do sujeito e escreva se ele é simples **ou** composto:

O homem perdeu a fortuna.
O sujeito é ☆ .

O cão e o gato brigam muito.
O sujeito é ☆ .

O canário cantou na gaiola.
O sujeito é ☆ .

Eu e você somos amigos.
O sujeito é ☆ .

3 - Complete as orações com um sujeito simples:

☆ acordou cedo.
☆ tomou café.

☆ foi ao circo.
☆ estudou muito.

4 - Complete as orações com sujeitos compostos. Veja o modelo:

Luis e o **pai** foram ao porto.

☆ ganharam presentes.
☆ estão na escola.

5 - Complete as orações com o verbo por. Veja os modelos:

PRESENTE

Eu	**ponho**	o boné.	Nós ☆	o anel no dedo.
Ele	**põe**	o boné.	Eles ☆	o anel no dedo.
Nós	**pomos**	o boné.	Eu ☆	o anel no dedo.
Eles	**põem**	o boné.	Ele ☆	o anel no dedo.

PASSADO

Eu	**pus**	os óculos.	Você ☆	flores no vaso.
Você	**pôs**	os óculos.	Eu ☆	flores no vaso.
Ela	**pôs**	os óculos.	Vocês ☆	flores no vaso.
Vocês	**puseram**	os óculos.	Ela ☆	flores no vaso.

FUTURO

Eu	**porei**	quadros na sala.	Eles ☆	o bebê no berço.
Ele	**porá**	quadros na sala.	Nós ☆	o bebê no berço.
Nós	**poremos**	quadros na sala.	Ele ☆	o bebê no berço.
Eles	**porão**	quadros na sala.	Eu ☆	o bebê no berço.

6 - Leia a oração:

Fábio **leu** a poesia.
Leu **uma vez.**

Fábio **releu** a poesia.
Releu quer dizer: leu **outra vez**, repetiu.

Veja ainda:

re + mover = remover — mover outra vez
re + fazer = refazer — fazer outra vez
re + virar = revirar — virar outra vez
re + ver = rever — ver outra vez

7 - Copie em seu caderno e complete certo:

recair   plantar   outra vez
relembrar   dobrar   outra vez
renascer   cair   outra vez
replantar   lembrar   outra vez
redobrar   nascer   outra vez

8 - Complete com um pronome possessivo no plural:

> meus — minhas — seus — suas — nossos — nossas

Os livros são ☆.
☆ amigos chegaram.
☆ tias escreveram uma carta.
☆ vizinhas são gentis.
Recebi ☆ flores.
Encontramos ☆ sapatos.

9 - Copie as palavras tirando o r final e escrevendo ção. Veja o modelo:

marcar — marcação   animar — ☆
ocupar — ocupação   recordar — ☆
respirar — ☆   plantar — ☆
separar — ☆   arrumar — ☆
salvar — ☆   imaginar — ☆

10 - Conheça mais alguns adjetivos pátrios:

Quem nasce em São Paulo é paulista.
Quem nasce em Minas Gerais é mineiro.
Quem nasce no Rio de Janeiro é carioca.
Quem nasce no Rio Grande do Sul é gaúcho.
Quem nasce no Rio Grande do Norte é riograndense do norte.
Quem nasce no Espírito Santo é espírito-santense.
Quem nasce em Sergipe é sergipano.

V - REDAÇÃO

Você é o repórter e vai conversar com um de seus colegas, sobre o livro que acabaram de ler. Abaixo algumas perguntas que você poderá fazer a ele. Copie-as em seu caderno e escreva a resposta debaixo de cada uma.

— Qual é o seu nome?
— ☆
— Como se chama o livro que acabou de ler?
— ☆
— Qual a lição que mais lhe interessou?
  Por quê?
— ☆
— Que outros livros você leu este ano?
— ☆
— Sabe que existe o Livro 4 "Caminho Suave"?
— ☆

Você acabou de fazer uma ENTREVISTA

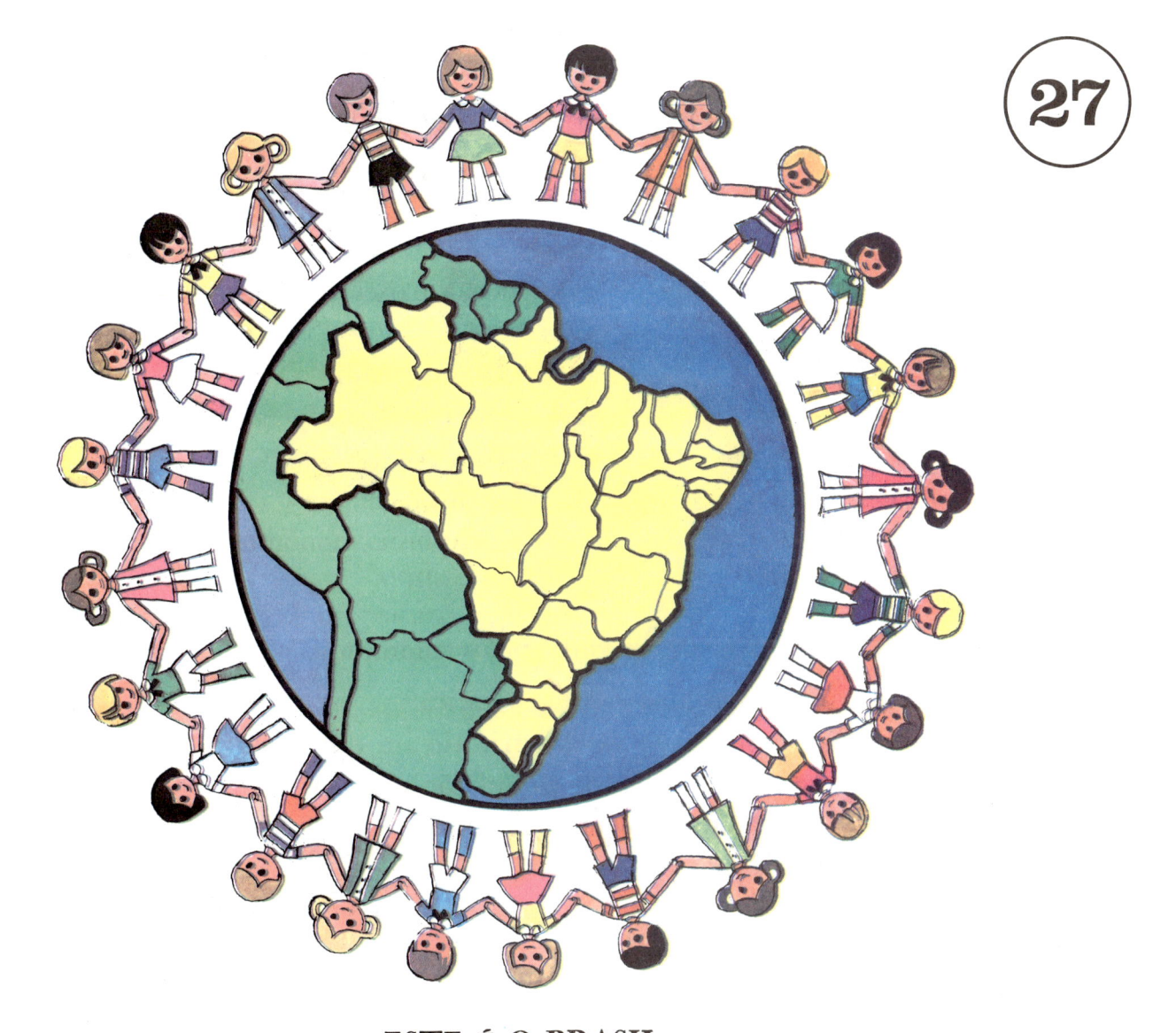

ESTE É O BRASIL

Nesta carta geográfica, você vê um país tendo mais da metade de seu território em fundo azulado.

Representa o Brasil, "deitado em berço esplêndido", como canta o "Hino Nacional" brasileiro.

A Noroeste, a Oeste e a Sudoeste, representados pela cor verde, estão nossos vizinhos do continente sul-americano.

O restante, à direita, em fundo azul, são as costas brasileiras que o mar banha, entoando uma longa canção de ninar à população praiana.

Este é o Brasil, sua terra, nossa terra.

Ele é tão vasto, que seriam necessários milhões de brasileiros, de mãos dadas, para rodeá-lo.

Não o esqueça nunca, ainda que viaje para longe, ainda que não volte mais.

Você é brasileiro.

O Brasil é o seu país.

Eleva com orgulho, em toda a parte e sempre, este nome.

I - ESTUDO DO VOCABULÁRIO

1 - Leia devagar as palavras, para entender a história abaixo:

carta geográfica	—	mapa
continente sul-americano	—	reunião dos países da América do Sul
entoando	—	cantando
esplêndido	—	maravilhoso, grandioso
população praiana	—	habitantes das praias
restante	—	resto, o que sobra
território	—	extensão de terras
toada	—	cantiga simples e monótona
vasto	—	grande, amplo

2 - Copie substituindo as palavras grifadas pelos sinônimos:

Papai-índio nunca viu uma **carta geográfica**.

Não conhecia o restante do **vasto território** em que morava sua tribo.

Mas, sabia de cor as histórias da **população praiana**.

Que memória **esplêndida**, a do índio.

— Venha cá, Ijuê, chamou ele.

Abriu um cesto de palha, tirou paus e pedrinhas e fez no chão um grande círculo, explicando:

— Aqui, terra nossa. Aqui, taba nossa.

Lá dentro, mamãe-cunhã cantava uma **toada** tupi.

II - ENTENDIMENTO DA LEITURA

1 - Responda no caderno:

    a) Onde já ouviu cantar:
       "Deitado em berço esplêndido"?
    b) Para rodear as terras brasileiras quantas pessoas julga necessárias?
    c) Você acha o Brasil pequeno ou grande?
    d) Em que Estado brasileiro você nasceu?
    e) Conhece algum outro Estado? Qual?
    f) Como se chamam os que nasceram em seu Estado?
    g) Você já viu o mar? Que sentiu?
       Como são suas ondas?
       Já andou pelas areias da praia?

2 - Complete em seu caderno a oração:

    O Brasil faz parte do continente ☆.

III - TREINO ORTOGRÁFICO

1 - Copie da lição, separando em colunas, as palavras com os grupos de consoantes:

| br | gr | pr | pl |

2 - Em seu caderno, junte as sílabas das palavras e torne a separar:

ge-o-grá-fi-ca
re-pre-sen-ta
ter-ri-tó-rio

po-pu-la-ção
ne-ces-sá-rios
bra-si-lei-ros

3 - Leia e observe:

passa   **pêssego**   disse   nosso   russo

Você viu que:

> Escrevem-se dois **ss** quando, antes deles, vem uma vogal (a - e - i - o - u)

Veja agora:

mansa   observe   salsicha   bolso   urso

> Escreve-se um **s** quando antes dele vem uma consoante: **b - l - r - n** - etc.

4 - Copie e complete com (ss) ou (s):

trave □ ura
sal □ a
pe □ oa

can □ ado
so □ ego
conver □ a

ver □ o
a □ obio
profe □ ora

IV - ATIVIDADES GRAMATICAIS

1 - Copie e assinale os dígrafos das palavras:

terra   banha   milhões
território   vizinhos   nossa
necessários   orgulho   esqueça

141

2 - **Leia a oração:**

Papai	conhece o Amazonas.
Sujeito	predicado

Responda:

O sujeito é ☆.
O predicado é ☆.

> No predicado há uma palavra principal.
> É a que indica a ação: **o verbo**

Responda no caderno:

Na oração acima, a palavra principal do predicado é ☆.

3 - **Copie as orações e assinale a palavra principal do predicado.**

Didi desenhou um mapa.
Papai assistiu o jogo.
Jorge fez uma pipa.
Chiquinho apontou o lápis.

4 - **Leia as orações:**

Este é o Brasil.
O restante são as costas brasileiras.
Nossos vizinhos estão no continente sul-americano.
O Brasil fica situado na América do Sul.

As palavras **é, são, estão** e **fica** também são verbos mas não indicam ações. Pertencem aos verbos:

ser   **estar**   e   **ficar**

5 - **Leia, copie e complete os verbos nos tempos:**

PRESENTE			PASSADO			FUTURO		
Eu	**sou**	inteligente.	Nós	**fomos**	premiados.	Eu	**serei**	sua amiga.
Você	☆	inteligente.	Você	☆	premiado.	Você	☆	minha amiga.
Nós	☆	inteligentes.	Eu	☆	premiado.	Nós	☆	bons amigos.
Ele	**está**	de pé.	Nós	**estivemos**	no salão.	Você	**estará**	na estação.
Nós	☆	de pé.	Você	☆	no salão.	Nós	☆	na estação.
Elas	☆	de pé.	Eles	☆	no salão.	Eles	☆	na estação.
Eu	**fico**	em casa.	Nós	**ficamos**	com mamãe.	Eu	☆	no sítio.
Nós	☆	em casa.	Eu	☆	com mamãe.	Nós	**ficaremos**	no sítio.
Eles	☆	em casa.	Eles	☆	com mamãe.	Eles	☆	no sítio.

6 - Você já viu os pronomes pessoais do caso reto.

Agora, vai conhecer outros pronomes que também substituem os nomes das pessoas:

Caso reto (Recordação)	Caso oblíquo
Eu	**1ª pessoa do singular** Henrique **me** procurou. Trouxe um carrinho para **mim**. Ele quer fazer amizade **comigo**.
Tu	**2ª pessoa do singular** Eu esperava por **ti**. Estava querendo **te** falar. **Contigo** não brinco mais.
Ele ou Ela	**3ª pessoa do singular** A irmã de Juca **lhe** deu um lápis. Ele **o** guardou **consigo**.
Nós	**1ª pessoa do plural** Mamãe **nos** convidou para passear. **Ela** vai **conosco**.
Vós	**2ª pessoa do plural** Eu **vos** digo: "Deus seja **convosco**.
Eles ou Elas	**3ª pessoa do plural** — Moleques levados! Já **lhes** disse e já **os** avisei: Metam-**se consigo**.

Você acaba de conhecer os **pronomes pessoais** do **caso oblíquo**.

7 - Faça como nos modelos:

Vá chamar as crianças.   Vá **chamá - las**
Vou visitar meu vizinho.   Vou **visitá - lo**
Quis pegar o passarinho.   Quis ☆
Eu vou conhecer os meninos.   Eu vou ☆
Quero comprar a blusa.   Quero ☆
Vá buscar as meias.   Vá ☆

8 - Veja o modelo e copie mudando as expressões em negrito pelos pronomes:

lhe   ou   lhes

Mandei a ela uma carta.   Levei a ela umas flores.
Mandei-lhe uma carta.   Levei-☐ umas flores.
Dei a ele um relógio.   Contei a eles o que aconteceu.
Dei-☐ um relógio.   Contei-☐ o que aconteceu.

9 - Vamos comparar qualidades. Em lugar de:

mais bom	→ diga **melhor**
mais ruim	→ diga **pior**
mais pequeno	→ diga **menor**
mais grande	→ diga **maior**

10 - Copie e complete com um dos adjetivos: maior   ou   menor :

O sapo é ☆ que o grilo.
A abelha é ☆ que a borboleta.
A formiga é ☆ que a pulga.

11 - Copie e complete com um dos adjetivos: melhor   ou   pior :

É ☆ ter amigos que inimigos.
Numa briga o ☆ é apanhar.
Ter saúde é ☆ que ser doente.

V - REDAÇÃO

Luís mora na roça.

Escreva uma cartinha convidando-o para assistir os desfiles do dia da Independência do Brasil, com você.

Sabe qual é a data?

ISBN 978-85-8998-704

9788589987042

Branca Alves de Lima

Caminho Suave

Comunicação e Expressão
2ª Série   1º Grau

Livro renovado
Não consumível